© **Safari duha d.o.o.**

Lektura i korektura: Novellus prijevodi

Grafičko oblikovanje: Ivan Radić mr.prof.

Tisak: Grafički zavod Hrvatske

CIP zapis je dostupan u računalnome katalogu Nacionalne
i sveučilišne knjižnice u Zagrebu pod brojem 001158176.

ISBN 978-953-49043-3-6

Nakladnik: Safari duha d.o.o.
www.anabucevic.com

Život je lijep
kad se živjeti zna

Ana Bučević

Tebi, Marko,
uz kojeg se duša, nakon dugog putovanja, odmara...

Chiara

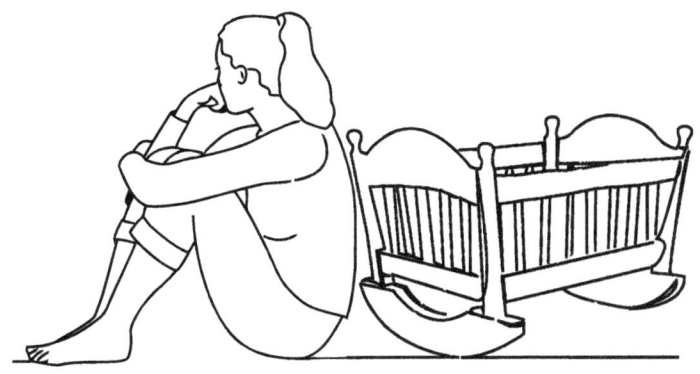

Chiara je sjedila na kupaonskom podu, potpuno slomljena od tuge i razočarenja. Nije se više niti trudila suzbiti jecaje kako je Liam ne bi čuo.

"Chiara!" Začula je Liamov glas s druge strane vrata.

"Chiara, molim te, otvori vrata!"

Nije ga čula. Suze su joj tekle niz obraze, dok je netremice zurila u negativan test za trudnoću.

"Zašto? Zašto opet? Ne mogu više. Jednostavno ne mogu. Nemam snage." Izgovarala je tihim glasom u kojem se osjetila potpuna nemoć.

"Pa što je to sa mnom? Zašto ja? Zašto je Bog baš mene odučio kazniti?"

"Chiara, molim te, otvori! Molim te, dušo!", ponovno se začuo Liamov glas.

Polako je ustala i okrenula ključ u bravi, ne otvarajući vrata. Sjela je na pod, gurajući glavu duboko u svoja koljena, kao da ne želi vidjeti istinu kojoj je upravo svjedočila.

Liam je kleknuo pored nje te je nježno zagrlio.

"Chiara, ljubavi moja, uspjet će nam. Znam da hoće. Nećemo sad odustati. Daleko smo dogurali."

"Daleko? Nismo se pomaknuli s mjesta, Liam!", izgovorila je kroz suze, glasom punim bijesa.

"Stigli smo samo do još jednog negativnog testa! Ne mogu više, Liam. Ne mogu. Ne mogu proživljavati ove strepnje, čekanje, nadanje, a onda svaki put razočarenje. Razočarenje koje svaki put boli sve više. Do kada ćemo ovako, Liam? Zauvijek? Možda ja ne vrijedim dovoljno da bih bila nečija mama. Možda sam nekad nešto zgriješila i sada me Bog kažnjava. Zna da mi je najvažnije u životu imati dijete i postati mama. Za mene je najgora kazna da mi se to ne ostvari. Shvaćaš li ti da moj život nema smisla bez djeteta?"

Liam je šutio. Znao je da bi svaka njegova riječ sada mogla samo pogoršati situaciju.

I sam prolazi unutarnje borbe, od očaja i nemoći do nade i ushićenja.

I sam se bezbroj puta pitao zašto.

Ali, zna da time neće pomoći ni sebi ni Chiari. Njegova je odluka bila podržati nju u svemu. Zanemariti glasove u sebi koji ga lome i biti uz nju, koliko god može.

Zato je znao da sada treba šutjeti. Šutjeti i pomoći joj svojim prisustvom i razumijevanjem.

Sjeo je na pod pored nje, zagrlivši je. Zagrljaj je istovremeno bio nježan i snažan, kao da joj govori da se isplače, da je razumije i da je tu za nju i da zajedno mogu sve.

Chiara se idućeg jutra ustala kasnije nego inače. Skoro da nije ni spavala. Cijelu je noć prebirala misli koje su nezaustavljivo navirale u njenu glavu.

Razmišljala je o mjesecima i mjesecima neuspješnih pokušaja da zatrudni.

Četiri su godine sada iza njih. Četiri godine razočarenja. Četrdeset osam testova za trudnoću. Negativnih.

Tri pokušaja umjetne oplodnje. Odlasci u druge države, na tisuće i tisuće potrošenih eura. Čemu to? Zaradi negativnog testa i tuge koja je svaki put sve veća?!

Sinoć je donijela odluku da ne može više ovako. Nešto mora promijeniti.

Znala je da stres utječe na nju i njeno tijelo. Znala je da mora ostati mirna, koliko je to moguće.

Skuhala je kavu, sjela u vrt i nazvala Andreu.

Andrea je bila njena najbolja prijateljica koju je upoznala prije tri godine na tečaju svjesnog disanja.

Odmah su kliknule.

Andrea je bila njena sušta suprotnost. Smirena, pozitivna, optimistična. Život joj je bio savršen. Imala je predivnog supruga, posao koji je obožavala, trogodišnjeg sinčića. Izgledala je sjajno. Prštala je od energije i uvijek, ali uvijek, imala osmijeh na licu koji bi osvijetlio svaku prostoriju u kojoj bi se pojavila.

Bila je sve što se Chiari sviđalo. Sretna žena, kojoj je sve išlo od ruke. Sve što je poželjela je i ostvarila.

To je i Chiara željela. I nije zavidjela Andrei. Jer je znala da je ona zaslužila sve to. Mogla je Chiari soliti pamet o tome kako se živi život, što treba mijenjati u svom životu, osuđivati je, ali nije. Nikada od Andree doživjela nije ništa osim čistog razumijevanja i prijateljstva.

Andrea je život živjela punim plućima. I uvijek joj je govorila: Ja živim i puštam druge da promatraju. Tko bude htio naučiti kako to da mi sve ide od ruke, doći će sam i pitati kako.

"Hej, srećo!", čulo se s druge strane mobitela.

"Hej, Andrea!", odgovorila je Chiara, pokušavajući zvučati sretno.

"Kako si mi? Ima li novosti?", upitala je Andrea.

"Opet nisam trudna, Andrea. Još jedan neuspjeh."

"Joj, dušo moja!", rekla je Andrea puna ljubavi.

"Kako si mi? Kako se osjećaš? Kako je Liam?", nastavila je Andrea.

"Užasno, Andrea! Užasno! Potpuno sam slomljena. Znaš onaj osjećaj kad izgubiš svaku nadu? Kad imaš osjećaj da nemaš više snage za još jedan pokušaj. Eto, tako se osjećam. Oka nisam sklopila sinoć. Plakala sam cijelu noć. Prazna sam i umorna. Sigurna sam da se i Liam tako osjeća, ali, znaš njega. Toliko me voli da stavi fokus na mene i kako se ja osjećam. Nije rekao ništa, ali sigurna sam da mu je teško kao i meni. Što ako me ostavi, Andrea? Šta ako sa svakim negativnim testom postajem sve manje žena za njega? I on zaslužuje imati dijete. A ja mu ga ne mogu dati. Što, ako mu to dođe do glave? Da sa mnom nikada neće biti potpun?"

Sada je već grcala u suzama.

"Dolazim do tebe. Tu sam za petnaest minuta", rekla je tiho

15

Andrea.

Chiara je ostala sjediti u vrtu, sama sa svojim mislima.

"Stigla sam!", začuo se Andrein glas, dok je otvarala kapiju.

Chiara je nabacila osmijeh na lice i poletjela prijateljici u zagrljaj. Zagrlila ju je jako, kao da joj je zagrljajem zahvaljivala što je došla.

"Chiarice moja draga", rekla je Andrea, stišćući je još jače.

"Bit će to sve dobro, vidjet ćeš. Znam to, osjećam. Držati ćeš ti svoju bebicu u naručju."

Chiara je osjetila kako joj toplina i blagost prožimaju cijelo tijelo, ne znajući je li to od predivnog proljetnog sunca koje se ovog trena probilo kroz oblake ili od same pomisli na Andreine riječi.

"Dođi sjedni!", pozvala je Andreu. Kavica te čeka.

"Pričaj ljubavi, slušam te", rekla je Andrea, toplo je gledajući u oči i držeći je za ruku.

"Iscrpljena sam, Andrea, potpuno iscrpljena. Nikada se nisam lošije osjećala nego ovaj put. Znaš i sama koliko smo puta Liam i ja prošli kroz ovo, ali ovaj put kao da je kraj. Kao da su mi sve lađe potonule. Kao da su nada i vjera potpuno napustile moje tijelo. Praznina. Potpuna praznina."

"Vjerujem, dušo moja! Znaš koliko te volim i kako za tebe uvijek kažem da si ti lavica. Jer i jesi. Ono kroz što ti prolaziš mogu izdržati samo snažne žene. A ti jesi takva žena. I sasvim je prirodno da osjećaš umor. I iscrpljenost. Za prolaziti ovo što ti prolaziš potrebna je jaka mentalna snaga. Nije ovo samo fizički proces. Ovo je i psihički proces. I to čak i veći od fizičkog."

"Pa o tome se i radi. O mojoj glavi. Bolje da ti ne spominjem svoje misli koje su mi navirale prošlu noć. Užas. Ništa više ne vrijedi, nema smisla. Sinoć sam proživjela sve scenarije koji se mogu dogoditi, da me Liam ostavio, pronašao novu ženu s kojom ima djecu, a ja sam ostala sama, nitko me ne želi, svi oko mene sretni, sa savršenim obiteljima, a ja sama, ostavljena, neispunjena... Horor film. Koji ću i doživjeti, sve mi se čini. Sve ide u tom smjeru. Sve! Zašto, Andrea? Zašto svim drugim ženama ide od ruke da ostanu trudne, mnoge čak i kad ne žele, a ja, ja koja želim dijete više od života i koja bih život podredila da budem nečija mama, koja bih stavila fokus samo na to dijete i dala se cijela u to da budem nečija mama, meni Bog ne da dijete? I ti si uspjela od prve. Jesam li ja lošija osoba od tebe?"

"Naravno da nisi Chiara, ali ti znaš u šta ja vjerujem. Moja vjera u to kako je život zamišljen i kako ga trebamo živjeti moja je najveća zvijezda vodilja. Ti znaš koliko ja vjerujem tko smo mi zaista i da smo u stanju kreirati svoju realnost. Pričala sam ti o tome puno puta. Kako je moguće mijenjati svoju realnost i manifestirati željeno. Čak i kad ti se čini nemogućim. Posebno tad."

"Znam. Jesi. Možda nisam mogla čuti. Ali, nešto trebam promijeniti. Ovako ne ide. Možda da probam to tvoje kreiranje? Kako, Andrea? Kako se to radi? Hoćeš me naučiti?"

"Kako se to radi?", Andrea je čula najljepše pitanje koje je mogla čuti od svoje prijateljice. Jer sada je spremna. Sada će je čuti.

"Naravno da hoću. Hajde da ti odmah pokažem snagu naših misli da odmah shvatiš kako našim emocijama upravljamo mi, a ne vanjske situacije i događaji. A naše misli uzrokuju našu vibraciju, a time i ono što ćemo manifestirati u našim životima."

"Hajde", rekla je spremno Chiara. "Što moram raditi?"

"Samo mi odgovaraj na pitanja koja ću ti sada postaviti."

Chiara se udobnije smjestila, duboko izdahnuvši, kao da je tim izdahom poručila da je spremna.

"Promotri malo kako se sada osjećaš", započela je Andrea tihim tonom.

"Opiši mi svoje osjećaje sada, u ovom trenutku."

"Osjećam se nemoćno. Tužno i prazno. Beznadno. Kao da sam ja osobno neuspjeh. Uplašeno zbog budućnosti koja mi se čini neće biti onakva kakvu ja želim. Osjećam se grozno. Jednom riječju, grozno."

"Znaš li zašto se tako osjećaš?"

"Zato jer je test opet pokazao negativan rezultat sinoć."

"Nije zato, Chiara. Da je zbog toga, nakon svakog negativnog testa bi se osjećala ovako kao sada, a nisi, zar ne?"

"Nisam, ali tada nije bio četrdeset osmi test. Nije isto vidjeti prvi test negativan, deseti ili četrdeset osmi."

"Isto je, ako razumiješ što je to što kod ljudi čini razliku."

"Kako je isto? Kako može biti isto vidjeti prvi put negativan test ili četrdeset osmi put doživjeti jednu crtu na testu nakon četiri godine pokušavanja, čekanja, nadanja?"

"Kako znaš da je četrdeset osmi test po redu?"

Chiara joj je uputila pogled pun nevjerice.

"Kako to misliš? Kako znam da je četrdeset osmi?! Kakvo ti je to pitanje?!"

"Samo mi vjeruj i sve ćeš uskoro shvatiti. No, odgovori mi kako znaš da je ovo bio četrdeset osmi test po redu."

"Pa znam brojati, Andrea! Četiri godine pokušavamo dobiti bebu. Svaki mjesec napravim test. Ovo je četrdeset osmi koji sam napravila. Tako znam. Znam i koliko sam puta doživjela razočarenje. Znam i u kojoj sam odjeći bila svaki put kada bih napravila test. Sve mi je još jasno prisutno u glavi. Sva bol nakon svakog testa. I zato se sada osjećam gore nego ikad. Toliko sam puta doživjela razočarenje i sada, kada sam opet vidjela test, prisjetila sam se svih tih puta do sada kada sam mislila da će uspjeti, konačno će uspjeti i opet ništa."

"Točno. U tvom se odgovoru krije poanta mog pitanja. Nije tebi negativan test izazvao ovakav osjećaj, nego tvoj odlazak u prošlost, u sve one neuspjele pokušaje prije. U sve negativne testove, sva razočarenja do sada."

"Ne razumijem."

"Da si sinoć, kada si pogledala u rezultat testa, ostala u sadašnjem trenutku bez odlaska u prošlost, a vjerojatno, i u budućnost u koju sada sumnjaš još više, vidjela bi samo negativan test. Ti si sinoć, gledajući u test, proživjela četrdeset osam negativnih testova. Točno?"

"Pa naravno da je točno. Četrdeset osmi test po redu! Kako da ne znam koji je po redu?!"

"Nije poanta da ne znaš. Ne možeš ne znati. Poanta je u ne odlaziti tamo tim trenucima jer te to neće odvesti do cilja. U trenutku trenutnog neuspjeha, odlazak u sve prijašnje neuspjehe neće ti donijeti nikakvu korist. Neuspjeh je put ka uspjehu. To su sve trenutne situacije i koje nisu i ne moraju biti trajne. Jako je važno kako gledaš na to. Događaju li nam se stvari koje ne želimo? Da! Treba li to zauvijek biti tako? Ne! Upravo se u ovome krije ključna razlika među ljudima. Moguće je naučiti da pogledaš test i da, osjetit ćeš i tugu i razočarenje, ali ti osjećaji mogu trajati jako kratko i ti ćeš nastaviti dalje ka svom cilju, bez obzira koji je test po redu."

Andrea je nastavila: "Znaš li da je autor najprodavanije knjige za samopomoć na svijetu, Jack Canfield, bio odbijen od četrnaest izdavačkih kuća prije nego ga je jedna prihvatila. Četrnaest! Što misliš, koliko bi ljudi odustalo do tada? Koliko bi ljudi pokucalo na vrata četrnaest izdavačkih kuća? Da je Jack govorio da mu je to četrnaesta izdavačka kuća kojoj se obraća, nikada ne bi napravio taj korak i pokucao još taj jedan put. A taj je posljednji put bio presudan. Razumiješ li što ti govorim? Kako bismo došli do cilja, trebamo se fokusirati na cilj, a ne na prepreke. Znaš li, Chiara, tko uspijeva u životu? Oni koji ne odustaju! To je jedini pravi uspjeh. Ali, ljudi vide uvijek krajnji rezultat, pa misle da je ostvaren preko noći. Nije! Svaki je uspjeh, koji je naizgled ostvaren preko noći, počeo godinama ranije."

"A što, kada sam umorna? Što, kada uistinu nemam više snage?"

"Nađi je u sebi dušo. Imaš je, kao i svi oni koji su nekoć mislili da je nemaju. Postoje alati kako izvući tu nevjerojatnu snagu koju svaki čovjek nosi u sebi. Prvo se odmori. U redu je osjetiti se umorno. Umorni ne možemo nikamo. Odmori se. Zastani par dana i dozvoli sebi da se odmoriš. Budi ponosna na sebe, Chiara. To je ogromna razlika u odnosu na osjećaj krivnje koji te sada preplavljuje. Ljudi koji se penju na najviše vrhove planina znaju da ne trebaju hodati satima i danima bez prestanka.

I oni zastanu i odmore sa kako bi prikupili snagu za dalje. U redu je i ne biti u redu. A čim to prihvatiš, osjetit ćeš se bolje. Borba je ta koja nam oduzima snagu. I to borba sa nama samima. Ljutimo se na sebe, okrivljujemo sami sebe, čak se i vrijeđamo kako smo nesposobni, gubitnici, kako ne vrijedimo itd. Sve to dodatno iscrpljuje naš duh koji nam je i najpotrebniji na putu ka uspjehu. A um je taj koji ili osnažuje duh ili ga iscrpljuje."

Chiara je još jednom duboko izdahnula. Ovoga je puta to bio izdah olakšanja. Kao da joj je prijateljica svojim riječima dala dopuštenje da se prepusti osjećajima. Da je u redu osjećati se umorno i tužno.

"Ljubavi moja, lijepo ćeš se par dana odmoriti, a onda ćeš početi raditi nešto što ću te ja sada naučiti. Jesi li čula za vizualizaciju?"

"Da. I na tečaju na kojem smo se upoznale su je spominjali, ali moram priznati da je nisam baš dobro shvatila, a kamoli probala."

"Vizualizacija je čudesan alat. Jednostavno zatvoriš oči i zamišljaš ono što želiš da ti se ostvari. Maštaš, Chiara! A maštati znaš. Svi to znamo i svi smo kao djeca maštali. A onda smo odrasli. Nemoj odrasti nikad u toj mjeri da prestaneš maštati o životu kakav želiš. Jer mašta je čarobna. A čarobna je jer ti donese osjećaj koji uvijek prethodi manifestaciji kojoj želiš svjedočiti."

"Ne razumijem te baš u potpunosti."

"Znaš kako ljudi kažu: Vjerovati ću kada vidim. E pa put je obrnut. Prvo se vjeruje onda se vidi. Ovaj naš život je mnogo magičniji od onoga što su nas učili da je. Mi ga kreiramo Chiara. Sve što vjerujemo, na čemu držimo fokus i sve što mislimo mi tome svjedočimo u našim životima. A zašto je to tako? Zato je živimo u vibracijskom svemiru u kojem postoji jedan čudesan zakon, a to je zakon privlačenja. I on je nepogrješiv. Naprosto ti daje odraze tvoje vibracije. On ti je kao ogledalo. Pokazuje ti kakve su ti misli i na čemu ti je fokus. Ako si pozitivna, vjeruješ u sebe i život, vjeruješ da možeš, da zaslužuješ, život ti daje potvrde toga. Ako si negativna, ljuta na cijeli svijet, misliš da je život nepravedan, onda dobiješ natrag to. Razumiješ li? Samo dobiješ ono tko si. Bez ikakvog kažnjavanja ili prosudbe tko što treba dobiti od života. Dobiješ samo svoj odraz. I kada to razumiješ, radiš na tome da tvoj odraz bude predivan. A radiš tako da ti postaneš ono što želiš dobiti natrag."

"Zato tebi sve ide od ruke?"

"Da, srećice moja! Ja živim ovo i zato znam sa sigurnošću

da ovo sve funkcionira! I kako funkcionira! Isto tako, znam da ti o ovome nisam trebala pričati dok nisi bila spremna. Da, tek kada su ljudi spremni uzeti živote u svoje ruke i kada se umore od borbe sa životom, spremni su na promjenu. I to ogromnu promjenu u životu jer od žrtve i uvjerenja da se život događa njima, oni uzimaju život u svoje ruke i počinju ga kreirati kako oni žele. Hajde da ti sada pokažem kako možeš odmah početi mijenjati kako se osjećaš. Kako se osjećaš kada sebi govoriš one rečenice kako nikada nećeš uspjeti, kako će te Liam ostaviti, kako ćeš ostati sama u starosti?"

"Užasno!"

"Naravno jer i jeste užasno. A sada slušaj ove rečenice: Živiš predivnu ljubav, Chiara, imaš supruga koji te obožava. Imaš u životu ljubav o kakvoj mnoge žene maštaju. Postati ćeš majka. I to u najbolje vrijeme, dušo moja. Kada dobiješ svoju bebicu, točno ćeš znati zašto se to nije prije dogodilo. Doći će u najbolje vrijeme za vas. Voljeti ćeš je i obožavati. Živjet ćeš svoj san, Chiara. Hoćeš! Sigurna sam! Kako se sada osjećaš, dok slušaš ove riječi?"

"Predivno! To je ostvarenje svih mojih želja."

"Tako je. A ništa se ovaj tren nije promijenilo oko tebe. Vidiš, tako upravljamo svojim emocijama. Odabiremo što ćemo govoriti sebi. Odabiremo kakve ćemo misli imati. Jer to kako se osjećamo pokazuje kako vibriramo. A kako vibriramo, to i dobijemo! Mi biramo kako ćemo se osjećati. U tome ti leži ona razlika između ljudi o kojoj sam ti maloprije govorila. Ono što govorimo sebi ili nam daje snagu ili nam je oduzima. Nitko ti ne može reći kako da misliš. Onda je pametnije da biramo misli koje će nas osnaživati!"

"Ali, kako da mislim pozitivne misli kada je sve negativno?"

"Dušo, nije sve negativno! Negativno je samo kada izađeš iz sadašnjeg trenutka. Sve su ove tvoje riječi od maloprije negativne i zbog njih misliš da je sve negativno. Nijedna situacija u životu nema predznak, osim onog kojeg joj mi damo. Ako događaj vidimo kao negativan, tada on takvim i postaje. Ako vidimo pozitivno, svjedočimo pozitivnom ishodu. A čula si za izreku: Kakve su ti misli, takav ti je život. Probala si na svoj način. Hajde, probaj sada na drugi! Ako ti način na koji živiš ne daje rezultat kakav želiš, trebaš ga mijenjati."

"Ali, kako da mijenjam način, kad je ovaj kojeg sada slijedim jedini? Ni on ne daje rezultate. Znaš koliko sam pokušavala zatrudnjeti prirodnim putem i ništa! Rekli su nam da je nemoguće i da nikada nećemo uspjeti tako. A svi znamo da ni umjetna oplodnja nije sigurna. Što da mijenjam, kada nemam što mijenjati?"

"Ne mijenja se to. Mijenja se način razmišljanja. Probajmo ovako: Poznaješ li ti bar jednu osobu kojoj su rekli da nikada neće zatrudnjeti prirodnim putem, a ipak je?"

"Znam, a znaš je i ti. Mia!"

"Znam da je poznajemo obje. Zato je i spominjem. Kako je onda nemoguće, kada postoje ljudi kojima su rekli da je nemoguće, a ipak su uspjeli?"

"Ali, ona je prvo dobila dijete umjetnom oplodnjom pa je nakon toga neočekivano zatrudnjela prirodnim putem."

"Upravo to i jeste poanta, draga moja Chiara! Kada je prestala vjerovati da je to nemoguće, svjedočila je tome. Točnije rečeno, kada je otpustila sve otpore koji su je držali u uvjerenju da nikada neće moći zatrudnjeti prirodnim putem."

"Bojim se da te opet baš ne razumijem", rekla je Chiara, ali sada već s pogledom koji je žudio za dodatnim pojašnjenjem.

"Mia je dobila dijete umjetnom oplodnjom. Postala je majka. Bila je presretna. Svaka njena stanica u tijelu zračila je majčinstvom. Vibrirala je majčinstvom. Vodila je ljubav sa suprugom potpuno neopterećena, za razliku od svih prijašnjih

27

godina. I potpuno otpustila misli o djetetu. Nije više bila u nemanju. A kako je želja da ima dijete prirodnim putem bila duboko u njoj, Svemir joj je dijete i "isporučio". Tako izgleda kreiranje realnosti. Kada postigneš vibraciju svoje želje, ona se mora manifestirati u tvojoj realnosti. Mora! Nisam ja to izmislila, to je univerzalni zakon o kojem mudriji od mene pričaju već stoljećima."

"U redu, shvaćam sad, ali njoj je bilo lako vibrirati, kako ti kažeš, majčinstvom. Ona je imala dijete u rukama. Što da radim ja, koja ga nemam?"

"Postoji više opcija, ali mislim da su za tebe najbolje ove dvije koje ću ti sada predložiti", nastavila je Andrea, presretna jer se Chiara zainteresirala za temu koja joj može promijeniti život.

"Prva je opcija vizualizacija. Druga je otpuštanje. Vizualizacija je maštanje. Zatvoriš oči i zamisliš sebe sa djetetom u naručju. Možeš zamišljati da si trudna, kako se osjećaš kada ti test pokazuje pozitivno. Sve ono što će ti donijeti predivan osjećaj. Vizualizacijom postižemo osjećaj kao da svjedočimo onome što želimo. I počinjemo se tako i osjećati. A znaš što je najfascinantnije od svega?! Počinješ tako i vibrirati. Cijelim svojim bićem odašiljaš frekvencije onoga što zamišljaš. A Svemir, u kojem djeluje zakon privlačenja, pojma nema da ti to zamišljaš, i čak ga nije ni briga. Samo ti daje dokaze tvoje vibracije. Ono ogledalo o kojem sam ti maloprije pričala... To se zovu manifestacije. Kada u svojoj fizičkoj realnosti opipljivo svjedočiš onome što si jednom zamišljala i željela."

"U redu. A drugi način?"

"Drugi način je još brži način kreiranja, ali na žalost teži za većinu ljudi. A to je otpuštanje. Shvaćanje da ti ne treba to što želiš."

"Kako to misliš? Ne treba mi? Pa ako to želim, onda mi i treba!"

"Ne treba Chiara, samo ti tako misliš, da ti treba."

"A zašto bih to onda željela, ako mi ne treba?!"

"Ti sve što želiš, želiš jer misliš da ćeš biti sretna kad to budeš imala."

"Nego što ću, nego biti sretna. Bit ću najsretnija žena na svijetu, kada budem trudna. Sada nisam sretna jer nisam trudna. Trudnoća jednako sreća. Meni je to logično."

"Logično i ispravno nije baš isto. Pripremi se sada na mali šok. Spremna?"

"Ne znam!"

"Ti zapravo ne želiš biti trudna. Ti želiš biti sretna!"

Andreu je dočekala tišina. Chiara je gledala pravo u oči, procesuirajući što je upravo čula.

"Molim?! Bojim se da si me sada izgubila. Pojasni, molim te."

"Da, ti želiš dijete, to je činjenica. Ali, zašto želiš dijete?"

"Želim postati nečija mama."

"Zašto?"

"Zato jer želim biti majka! Želim imati dijete!"

"Da, ali zašto?"

"Zato što želim pravu obitelj. Želim da Liam i ja imamo dijete koje ćemo voljeti i odgajati i uživati s njim."

"Chiara, zašto?"

"Pa zato što želim! Zato jer tako vidim našu budućnost. Zato jer ću se tada osjećati ispunjeno i sretno!"

"Aha! Eto ga! Do čega smo došli?"

"Kako misliš?"

"Što si zadnje izgovorila? Kako ćeš se osjećati?"

"Ispunjeno i sretno", ponovi Chiara, malo tišim glasom nego prije.

"Točno, prijateljice moja. Došli smo do emocije. I ako za sve što želiš postavljaš sebi pitanja zašto to želiš, uvijek ćeš doći do emocije. I tako shvatiš da sve što u životu želimo nikada nije do materijalnih stvari, poslovnih uspjeha, drugih ljudi, već je uvijek do želje da budemo sretni."

"U redu. I što sad s tim?"

"Ta je spoznaja najvažnija u životu jer potpuno mijenja pogled na život i oslobađa te svih potreba. Kada shvatiš da sve želiš jer misliš da ćeš tada biti sretna, postaneš mudra i kreneš prečicom. Jednostavno budeš sretna! I znaš što se onda dogodi?"

"Što?"

"Čarolija života. Chiara! Tada ti u život stiže sve što želiš. Ljudi koji misle da nešto trebaju za sreću zrače nemanjem. Vibriraju nedostatkom. Zato ne svjedoče onome što žele. Uopće ne shvaćaju što rade. Što jače nešto želiš, to jače vibriraš da to nemaš. Jer da imaš, želja ne bi bila toliko jaka. Kada otpustiš želju i shvatiš da možeš biti sretna već sada, počinješ vibrirati obiljem. A onaj koji vibrira obiljem, dobije još više obilja. Ali kao što rekoh, ovo shvate i postignu samo rijetki među nama.

Jer trebaju naučiti držati fokus na obilju koje već žive. A ljudi su naučili držati fokus na onome što nemaju, umjesto blagoslovima koje već imaju. Odlična vijest je da je upravo vizualizacija put do otpuštanja."

"Ne znam koliko sam razumjela, ali hvala ti na svim ovim objašnjenjima. Reci mi što bi ti sada radila na mom mjestu?"

"Krenula bih sa svakodnevnim vizualizacijama."

"Hoćeš li me naučiti?", Chiara upita Andreu, hvatajući je za ruku.

"Naravno! Dođi! Uđimo u kuću, da ti bude udobnije."

Sjele su u dnevni boravak. Chiara je sjela u udobnu fotelju, a Andrea se smjestila na tabure nasuprot nje kako bi joj bila blizu.

"Hajde, opusti se! Zatvori oči i potpuno se opusti. Otpusti napetost. Potpuno opusti tijelo. Ja ću ti pomoći. Samo me slušaj i radi što ti kažem. Prvo, diši duboko. Polako i duboko. Udah neka ti traje što duže, kao i izdah. Nikamo ti se ne žuri. Stavi fokus na svoj dah. Osjećaj strujanje zraka kroz nosnice, dok udišeš i izdišeš."

Chiara je radila sve baš kako joj je Andrea rekla. Osjećala je kako se opušta. Voli trenutke kada joj mozak miruje i ne osjeća stres vlastitih misli i strahova koje je uznemiruju. Sa svakim udahom i izdahom, osjećala je kako joj mir polako prožima tijelo.

"Sada ćemo opustiti tvoje tijelo. Fokusiraj se na stopala. Opusti ih. Samo ih svjesno opusti. Osjeti kako ti sva tenzija napušta stopala. Sada osjeti kako se taj relaksirajući osjećaj penje prema zglobovima i listovima. Potpuno opuštaš donji dio nogu. Pa koljena.... Potkoljenice ti se opuštaju. Prednja i stražnja strana. A sada osjećaš opuštanje svoje stražnjice i kukova. Osjeti kako ti se cijele noge još više opuštaju, dok ti se stražnjica opušta. Sada posveti nekoliko udaha i izdaha svojim kukovima. I promatraj kako ti se cijeli donji dio tijela još više opušta. Radi to minutu dvije."

Chiara je osjećala opuštanje. Ovo što radi imalo je smisla. Osjećala je neki mir i lakoću koji su joj godili.

"Sada ćemo to isto napraviti s rukama, nastavila je Andrea. Stavi fokus na svoje dlanove. Opusti dlanove, prste i zglobove ruku. Osjeti kako se opuštaju... Polako opuštaj podlaktice, laktove i nadlaktice. Uživaj u osjećaju opuštanja ruku. Sada stavi fokus na trbuh i prsa. Opusti trbuh i prsa. Iako dišeš, disanje se odvija u ritmu opuštanja i stezanja mišića. Osjeti kako je divno disati potpuno opuštena. Sada opusti svoja leđa. Fokusiraj se na donji dio leđa. Opusti ih. I polako prema gore, opusti cijela leđa. Osjeti kralježak po kralježak. Osjeti kako ti se lakoća i opuštenost penju do tvojih ramena. A sada idemo opustiti najvažniji dio tijela, ramena. Opusti ramena. Udahni duboko... Tako... Sada izdahni... Bravo... I opuštaj ramena. Neka ti padnu dole..."

U ovom je dijelu Chiara najviše uživala. Svaki put kada je izdahnula, ramena su joj je spustila nekoliko centimetara niže. Tek je sada shvatila u kolikom je grču bila. Pa ramena su joj cijelo vrijeme napeta i podignuta.

"Bravo, srećo, tako treba! Opusti ramena. Ne treba ti ništa u njima. Neka sve izađe van. Promotri kako ti se čitavo tijelo još više opušta, dok opuštaš ramena".

Andrea je bila potpuno u pravu. Chiara je imala osjećaj da počinje lebdjeti. Uživala je u ovom osjećaju.

"Sada opusti vrat. Osjeti kako ti se cijeli vrat i glava opuštaju. Opuštaju ti se usne, vilica, obrazi, čelo... I opusti oči. Potpuno opusti mišiće očiju. Osjeti kako ti ugodno upadaju u duplje i kako su ti mišići očiju opušteni... Ostavit ću te par minuta u tišini, a ti samo drži fokus na svom disanju. I ako ti dođu misli, u redu je. To je prirodno. Ne bori se s njima, nigdje ne griješiš."

Chiari su navirale misli. I to ne jedna, nego mnoštvo njih. Svako malo bi se sjetila jučerašnjeg dana i negativnog testa. Prisjetila se je i prošlog puta koliko su bili uzbuđeni, misleći da će baš tada uspjeti. A onda se sjetila trenutka razočarenja, kada je test opet pokazao negativno. I svojih suza....

Andrea je prekinula tišinu: "Ako si odlutala u misli, samo vrati fokus na svoj nos. Na disanje. Vraćaj fokus na strujanje zraka."

Chiara je vraćala fokus, ali nakon nekoliko sekundi misli bi ponovno počele navirati. Kao da su bile snažnije i moćnije od nje.

Kao da je znala što joj se događa u glavi, Andrea joj je, glasom punim podrške, rekla: "Daj sebi vremena, dušo. Ovo je vježba. Znam da nije lako na početku umiriti um koji je navikao raditi 24 sata dnevno, ali ne odustaj. Miran um je nešto što se vježba. I što budeš više vježbala, razdoblje odsutnosti misli će ti biti sve duže. Samo se ne bori s tim. Prihvati to kao proces. Vjeruj mi, vrijedi svake uložene minute. Idemo sada odraditi vizualizaciju. Vidjet ćeš njenu čaroliju. Možeš li zamisliti sebe kako ležiš u krevetu? Svanulo je predivno jutro. Sunce se probija kroz tvoje zastore. Onaj divni miris jutra. Možeš li svojim unutarnjim okom vidjeti tu sliku?”

“Mogu”, odgovorila je Chiara gotovo nečujno jer su joj i usne bile posve opuštene.

“Odlično! I nemoj više ništa govoriti, samo zamisli ono što čuješ. Budiš se tog predivnog proljetnog jutra, čuješ cvrkut ptica izvana. Liam je pored tebe i ti mu ulaziš u zagrljaj, okupana zrakama sunca.”

Andrea ju je samo promatrala. Vidjela je kako joj se usne lagano razvlače u osmijeh. Mali osmijeh, ali ipak dovoljan da vidi da Chiara počinje doživljavati sliku koju vidi.

“Promotri kako se osjećaš. Sretna si. Budiš se u svojoj predivnoj kući, pored muškarca koji te beskrajno voli.”

Chiara je osjetila toplinu po cijelom tijelu. Točno je vidjela kako ulazi u Liamov zagrljaj, a on je privija sebi svojim snažnim rukama. Osjetila je kako spušta glavu na njegova snažna prsa i kako joj čvrstim zagrljajem poručuje: “Dođi, ovdje si sigurna”.

“Proživi te osjećaje, Chiara. Proživi ih! Ne uzimaj ih zdravo za gotovo. Tvoje buđenje, tu pored tvog supruga, je nešto o čemu mnoge žene maštaju. Ti to živiš. To je stvarno. Osjeti zahvalnost za ljubav koju svakodnevno živiš.”

Chiara je svojim unutarnjim okom još jasnije vidjela kako se stišće uz Liama. Točno je mogla osjetiti blagoslov tog trenutka koji je, morala je priznati sebi, i uzimala zdravo za gotovo posljednjih mjeseci. Ali sada ga je osvijestila. I odlučila je to ne raditi, barem ne ovih nekoliko minuta, već se emotivno potpuno prepustiti ljubavi muškarca koji je u svakom trenutku za nju bio čista ljubav i podrška.

"Ovog se jutra nalaziš u svom savršenom svijetu, u svojoj bajci koju želiš živjeti. Sada shvatiš da vas dvoje više niste sami. Čuješ lagani topot nožica koje ulaze u vašu sobu. Čuješ kako se vrata sobe otvaraju i vaše dijete trči prema vašem krevetu. I čuješ :" Mama"! Osvijesti ovaj trenutak u kojem si mama! Shvati da je tvoje dijete spavalo u sobi pored vas i sada vam dolazi u krevet, maziti se s vama. Slobodno odaberi vidiš li dječaka ili djevojčicu. Zamisli ovaj tren što god želiš zamisliti..."

Na ove joj se riječi osmijeh razvukao od uha do uha. Počela je brže disati i Andrea je mogla jasno vidjeti uzbuđenje koje je zračilo iz nje.

Chiara je vidjela predivnu plavokosu djevojčicu u dobi od četiri, pet godina, kako radosno trči prema njima. Penje se kod njih na krevet, baca im se u zagrljaj i govori: Dobro jutro mamice, dobro jutro tatice...

Suze su joj se slijevale niz obraze, ali nije otvarala oči. U svojim se mislima mazila s kćerkicom koju je toliko žarko željela. Bila je to jedna predivna i neopisivo slatka djevojčica. Uvukla se u krevet između njih dvoje, licem okrenuta prema Chiari. Chiara je gledala u te predivne male okice, ljubeći joj čelo, nosić pa opet čelo i tako iznova i iznova, dok se djevojčica čitavo vrijeme smijala na glas i vidno uživala.

"Osjeti te emocije, Chiara. Osjeti, proživi ih", nastavila je Andrea, znajući da u tom trenutku ne treba puno pričati, već je treba pustiti da proživi ove slike, što jasnije i duže."

I uistinu je osjetila najljepše emocije ikad. Osjetila je neopisivu ljubav prema ovoj slatkoj maloj djevojčici koju je obožavala. Osjetila se ispunjeno i ostvareno. Osjetila je istinsku radost i sreću nakon dužeg vremena.

"Nastavi sada promatrati svoj dan, Chiara. Kako izgleda vaše jutro? Što radite zajedno tijekom dana? Idete li nekuda svo troje zajedno? Igrate li se? Kako izgleda vaša večer? Zamišljaj što god želiš. Ostani u tome neko vrijeme. Ne brini za mene. Ja ionako moram ići sada, a ti uživaj u ovom iskustvu, pa se čujemo kasnije."

Chiara ju je čula, ali nije joj odgovorila. Ne samo da je znala da ne mora, nego ni nije htjela prekidati ovu bajku kojoj je svjedočila.

Andrea je nečujno ustala s taburea i krenula prema vratima, osjećajući neopisivu radost zbog prijateljice koja je po prvi put osjetila čaroliju vizualizacije. Prije nego je zatvorila vrata za sobom, još je jednom pogled usmjerila na svoju prijateljicu koja je, s osmjehom od uha do uha, mirno sjedila na fotelji, očigledno uživajući u scenama koje je promatrala zatvorenih očiju.

Kada je Chiara otvorila oči, shvatila je da ne zna koliko je vremena prošlo. A to ni nije bilo važno. Osjećala se predivno. Bila je u najljepšoj priči koju je ikada itko ispričao, priči u kojoj su Liam, njihova djevojčica i ona bili obitelj. Priči u kojoj su njih troje proveli nezaboravan dan, upijajući svaki zajednički trenutak. Po prvi je put, nakon dugo vremena, osjetila nadu. Nadu da je ovakav život moguć.

Uzela je mobitel u ruke i nazvala Andreu.

"Dobrodošla natrag", začula je veseli glas svoje prijateljice.

"Hej, draga! Evo me! Bilo je predivno, Andrea!"

"Znam, dušo moja! To je ljepota vizualizacije. Pomaže ti osjetiti emocije koje ćeš osjećati kada svjedočiš tome."

"Uh, kakve sam emocije imala. I shvatila sam da želim djevojčicu. Bila je predivna, Andrea. Predivna!"

"Vjerujem da je. I biti će."

"Imala je predivnu plavu kosicu, najljepše okice na svijetu, mali nosić, mirisala najljepše na svijetu. Mazile smo se dugo. Onda smo zajedno pripremale doručak, otišle u park, spuštale se zajedno niz tobogan, ljuljale u ljuljački, igrale se skrivača. Sve sam to proživjela, Andrea moja! Najljepši osjećaj na svijetu!"

"To i je najvažnije Chiara, emocije koje si osjetila. One su bitne u kreiranju. Sjeti se što sam ti rekla. Što odašilješ, to i primaš. Svemir te je slušao. I što više budeš imala takve emocije, sve si bliže da tome zaista i svjedočiš."

"A što sada, kada ne zamišljam, nego se vratim u trenutke kada se to nije ostvarilo?"

"Tada vjeruješ, Chiara! Vjeruješ da smo u stanju kreirati sve što želimo u životu. Kada ti logika kaže da je nemoguće, neka ti glas vjere da je moguće bude glasniji. Razumijem da ljudi misle kako je maštanje lažno, a ono čemu svjedočimo istinito, ali ono čemu svjedočiš ne mora biti trajno. Samo ljudi povjeruju da jest, pa im tako i ostane zauvijek. Poanta vizualizacije, osim što si Svemiru slala poruku što ti želiš živjeti i što da ti "isporuči", je i da shvatiš ono najvažnije što sam ti rekla. Reci mi, što je bilo najljepše od svega dok si sve to zamišljala?"

"Pa koliko sam bila sretna", odgovorila je Chiara bez razmišljanja.

"Točno. Sad se sjeti što sam ti jutros rekla pa se nisi baš složila sa mnom."

"Da sve što želimo, želimo zbog toga kako ćemo se osjećati kada to budemo imali."

"Sreća koju si osjećala bila je poanta svega. A sreću si osjetila samo zamišljajući svoje dijete, zar ne?"

"Da, sada malo bolje razumijem."

"Kada radimo vizualizaciju, polako shvaćamo da je emocija koju osjetimo njen najljepši dio. A onda, s vremenom shvatimo da smo emociju postigli zamišljanjem. Nisi grlila svoje dijete u krevetu tog trena i nisi bila uistinu tamo, ali si svakako osjećala sreću. Znaš, u svakom trenutku u danu imamo izbor. Hoćemo li brinuti ili maštati o onome o što želimo. Često izlazimo iz sadašnjeg trenutka, ali razliku među ljudima čini mjesto na koje odlaze. Mnogi odlaze u sumnje, strahove i brige. Ja odlazim u vjeru, nadu i optimizam. Nisam ja rođena pod sretnom zvijezdom i ne ide meni slučajno sve od ruke. Ja ovo radim već dugo vremena. Naprosto sam povjerovala. Sve što zamišljam je kao da stanem ispred prepunog švedskog stola i Svemiru, zamišljajući, poručujem što želim "jesti", ako me razumiješ."

Pažljivo je slušala Andreu. Možda čak i po prvi put. Spominjala je Andrea i prije rečenice da smo u stanju kreirati svoj život, ali nikada je nije čula jasno kao sada.

"U redu, sada razumijem. Kada osjetim sumnju, samo zatvorim oči i zamišljam scenarij koji želim. Točno?", upitala je Andreu.

"Približno. Da samo kreneš s time, napravila si veliku promjenu, ne samo u načinu razmišljanja, već i u svojoj vibraciji. Što više budeš odašiljala vibraciju majčinstva, sve si bliže da tome i svjedočiš. Znaš što je najljepše od svega? Imaš nešto za izgubiti?"

"Nemam. U pravu si. Svjesna sam da je došlo vrijeme za promjenu. Hvala ti, Andrea. Hvala za prijateljstvo, strpljenje i podršku od prvog dana."

"Nema na čemu, prijateljice moja! Vjeruj mi, mojoj sreći nema kraja jer znam koliko će ti ovo saznanje promijeniti život."

Sljedeći su dani za Chiaru bili fantastični. Osjećala se odlično. Prvo što je napravila bilo je da se odmorila. Poslušala je prijateljicu koja joj je rekla da je sasvim u redu zaustaviti se i naprosto napuniti baterije. Posvetila se sebi i tome kako se osjeća.

Kupila je knjigu o snazi ljudskog uma i proučavala je do u detalje. Svaki dan je vizualizirala i vidjela budućnost kakvu želi. Osjećala se kao da može poletjeti od energije koju bi osjećala nakon toga. Liam i ona nisu spominjali umjetnu oplodnju ni nove termine. Odlučila je neko vrijeme ne opterećivati se time, već naprosto uživati. Bili su to zaista lijepi dani.

Večeras Liam i ona idu na večeru sa Andreom i njenim suprugom. Andrea je bila na putu i nisu se vidjele više od tri tjedna, te su obje jedva čekale da se opet ispričaju.

Kada su ušli u restoran, Andrea i Noah su već sjedili za stolom.

"Ideš!", usklikne Andrea. "Mačko, pa kamo Vi idete

večeras?", kroz smijeh uzvikne Andrea kada je vidjela Chiaru.

"S Vama, gospođo", uzvrati joj Chiara kroz osmijeh.

"Izgledaš predivno, ljubavi moja!", dobaci joj Andrea, grleći je i ljubeći u obraz.

"Hvala ti, srećice! Tako se i osjećam!"

"Ova tvoja gospođa sve mlađa i mlađa", Andrea se obrati Liamu. "Nešto dobro radiš!"

"I meni se čini tako. Ali ne bih baš sebi prepisao zasluge, ima tu itekako i tvog utjecaja", odgovori joj Liam zadovoljno.

"Najviše utjecaja ima ona sama na sebe. Mi je samo zalijevamo. Zar ne, dušo?"

"Mi smo tim iz snova!", radosno izgovori Chiara, sjedajući za stol.

Večer je protekla sjajno. Pričali su o svemu i svačemu. Uvijek su voljele zajedno ići na večere jer su se fantastično slagali i kao parovi. Imali su hrpu zajedničkih tema i uvijek su se ludo provodili zajedno.

Pri kraju večeri, kada su se Liam i Noah povukli zapaliti cigare u salon, Chiara uhvati Andreu s obje ruke i obrati joj se sva ushićena:

"Andrea, bila si u pravu. Ova tvoja vizualizacija uistinu mijenja život! Ne sjećam se kada sam se osjećala ovako dobro kao nekoliko proteklih tjedana."

"Znam, draga moja! Svim tim znanjima i pripisujem život koji ja živim. Presretna sam da si bila otvorena za to i uvidjela koliko je korisno."

"Znaš do kojeg sam zaključka došla?", uozbilji se Chiara.

"Pretvorila sam se u uho", kroz osmijeh odgovori Andrea.

"Shvatila sam najvažnije iz onog što si mi pričala. Da mi za sreću ne treba ništa iz vanjskog svijeta. Kako dani prolaze i ja sve više fokus stavljam na ono što mi se sviđa u mom životu i ne napuštam sadašnji trenutak, osim ako idem u mašti tamo gdje mi se sviđa, osjećam se sve bolje i bolje. Čak sam imala i trenutak prosvjetljenja, kako bi neki rekli, gdje sam shvatila da smo u stanju postići fantastičan osjećaj, a da se ništa oko nas u realnosti nije promijenilo!"

"Bravo! To je to! O tome sam ti i pričala. Upravo te do tog prosvjetljenja vizualizacija i dovede, zar ne?!"

"Točno. Sve si bila u pravu. Tebi dugujem što se osjećam ovako dobro."

"Ne meni, dušo! Sebi! Ti si sve ovo postigla. Ja sam ti samo ispričala što znam i što ti predlažem. Uzaludno bi bilo svo moje znanje, da ti nisi povjerovala u to i krenula primjenjivati u praksi."

"Hvala ti još jednom na svemu. Blagoslov je imati te za prijateljicu."

Andrea zagrli Chiaru svom snagom i ispusti duboki izdah olakšanja, znajući da najbolje tek dolazi za Chiaru.

U tom su se trenutku vratili Liam i Noah i bilo je vrijeme da krenu svojim kućama.

Izgrlili su se i izljubili, obećavajući da će jako brzo ponoviti ovakvo druženje.

Tu su večer Chiara i Liam vodili ljubav onako kako nisu mjesecima. Ljubila ga je svjesno, ne želeći propustiti ni jedan trenutak njegove blizine. Ne sjeća se da ga je ikada gledala u oči kao te večeri. Gledala ga je u oči, zapravo gledajući u njegovu dušu, ljubeći, ne samo njegove usne, već sve zajedničke trenutke koje je provela s njim. Po prvi je puta shvatila koliko je bila odsutna u odnosu s njim i nesvjesna trenutka u kojem živi.

Posljednjih je godina vođenje ljubavi za nju bio posao rađenja djeteta. Bilo je to čisto odrađivanje. U tome više čak nije ni uživala, a sve zbog negativnih testova. A ovaj joj je divan čovjek i dalje pokazivao samo nježnost, ljubav i pažnju. Posramila se na trenutak te spoznaje, ali već je sljedećeg trenutka promijenila svoju misao, shvaćajući da joj krivnja ničemu ne služi, već je – kako je naučila – osjetila ponos na ovaj trenutak, u kojem je to spoznala.

Preplavio je osjećaj ogromne zahvalnosti na spoznaji koliko je već sada bogata žena i kako ima blagoslov o kojem mnoge žene maštaju. Predivnog supruga koji je obožava i koji joj je u svakom trenutku pružao bezuvjetnu ljubav, podršku i razumijevanje.

Chiara je, nakon dosta vremena, ovih dana osjećala sreću. Onu pravu, iskonsku i duboku sreću zbog života koji je živjela.

"Volim te, Liam", šapnula mu je nježno, ležeći u njegovom zagrljaju. "Hvala ti za ljubav koju osjećam s tvoje strane. Hvala ti za svo strpljenje koje si imao za mene sve ove godine. Hvala ti što mi nikada nisi uputio kritiku, osudu ili bilo što zbog čega bih se osjećala loše. Hvala ti što si mi u svakom trenutku bezuvjetna podrška. I oprosti mi, molim te, moje trenutke slabosti i trenutke kada sam iz fokusa gubila ovaj blagoslov koji živimo. Oprosti što sam bila sebična i mislila samo na sebe, zaboravljajući da i ti želiš dijete, da i ti želiš biti tata, a nikoga nije bilo tu te utješi."

"Chiara, ljubavi moja", prošapće Liam nježno, privijajući je uz sebe još snažnije.

"Nemam ti što oprostiti, dušo. Sve razumijem, i sada, i prije. Znam koliko ti je važno postati mama."

"Ali, zaboravila sam koliko si mi i ti važan. Koliko mi je važna ova ljubav koju živimo. I to je ono što sam napokon shvatila ovih posljednjih dana. Koliko mi je fokus išao na ono što nemam, dok sam potpuno zaboravljala na sve ono što imam. A tebe ne bih mijenjala za ništa na ovom svijetu. Bila sam nezahvalna, Liam. Zato sam i bila nesretna. Da se tebi nešto dogodi, ne znam kako bih živjela bez tebe. A to sam potpuno zaboravila. Ja već imam sve što mi je potrebno za sreću. Imam ljubav, tvoju ljubav, našu ljubav! I ako nikada ne postanem majka, znam da mogu biti sretna. Jer ja sam već sada sretna! Sreća nije tamo negdje. Ona je ovdje i sada. Samo je ne vidimo trčeći za nečim dalekim i naizgled nedostižnim. Ja već imam sve!"

Liam je nije prekidao. Pustio je, kao i uvijek, točno

prepoznajući trenutak kada ne treba reći ni riječi. Samo joj je, mazeći je nježno po kosi, davao znak da je čuje.

Chiaru odjednom iz sna trgne bljesak bijelog svjetla koji je prekrio cijeli strop sobe. Morala je rukama prekriti oči kako bih ih zaštitila od jačine svjetla. Pogledala je u Liama koji je spavao pored nje. Mora da su zaspali, a da nisu ni primijetili.

"Liam! Liam!", dozivala ga je, ali Liam je čvrsto spavao.

Ponovno je usmjerila pogled prema svjetlu. Sada je već mogla vidjeti malo jasnije jer su joj se oči prilagodile jačini svjetla. Cijeli je strop izgledao poput neba. Bio je predivne svjetlo plave boje, okupan bijelim oblačićima. Imala je osjećaj da je soba potpuno nestala i da leži na livadi, s pogledom uperenim u nebo. Nije osjećala strah, već neopisivi mir.

Kako je pogled sve više prilagođavala svjetlu, shvatila je da na oblacima sjede dječica. Bilo ih je na desetke. Sad je već mogla čuti i žamor djece i njihov smijeh.

Tijelo su joj proželi trnci od predivnog trenutka kojem je svjedočila. Djeca nisu gledala u nju, već u daljinu; kao da su vidjela nešto što ona nije. Poželjela je da ih bolje čuje. Lebdeći, kao da im je došla posve blizu. Nisu je vidjela, barem nisu ničim pokazivala da vide njenu prisutnost.

Pogled joj se zaustavio na predivnoj plavokosoj djevojčici, prema kojoj je osjetila snažnu povezanost. Djevojčica je dijelila oblačić sa preslatkim dječakom, s kojim je razgovarala o nečemu. Chiara im se potpuno približila kako bi ih čula.

"Kada ćeš ti ići na Zemlju?", upitala je djevojčica dječaka znatiželjno.

"Ne znam još", odgovori joj dječak nesigurno. "Još uvijek tražim mamu. A ti? Ideš?"

"Da! Danas napokon odlazim! Jupi! Vidiš, to je sada moja mama!", djevojčica pokaže prstom prema dolje te u isto vrijeme i dječak i Chiara spuste pogled, prateći djevojčičin prst.

Chiara ostane bez daha. Djevojčica je pokazivala prema krevetu u kojem su spavali Liam i ona. Chiara je jasno vidjela sebe kako spava u Liamovom zagrljaju.

Suze su joj nekontrolirano krenule niz obraze te je još uvijek bila u potpunom šoku zbog onog čemu upravo svjedoči.

"Nju sam odabrala. Odavno", nastavi djevojčica veselim tonom.

"Ali, prije nije bila spremna za mene, nastavila je djevojčica. Govorila je da bih ja bila njen jedini smisao života. Da bi joj to bila jedina važna uloga u životu. Da bi cijeli život podredila meni. A ja to nisam htjela. Čekala sam da shvati da se ljepota i smisao života trebaju naći bez djeteta, da je majčinstvo jedna od uloga, a ne jedina. Da je važna, ali ne i najvažnija! Da shvati da sreća dolazi od nas, iz nas, a ne prema nama. Jer je samo tako možemo dijeliti s drugima. I da nauči biti sretna s onim što ima. Čekala sam da postane zahvalna. Da je moj život na Zemlji počeo ranije, bio bi posve drugačiji nego što će biti sada. Njena bi sreća ovisila o meni i za mene bi to bio prevelik teret. A sada je spremna. Spremna da bude predivna majka i da ja mogu biti slobodna živjeti život kakav želim, uz njenu podršku i vodstvo. Da, sada idem. Idem kod najbolje mame na svijetu!"

Chiara se gušila u suzama. Pala je na koljena prekrivši lice rukama. Kao da se slomila, ali nije se osjećala slomljeno. Osjećala je olakšanje. Kao da je sav teret, koji je godinama nosila, konačno spao s nje. I nisu to bile suze tuge. Osjećala je kako joj te suze ispiru dušu i sve ono što je prošla. Kao da je sa svakom suzom sve jasnije vidjela život. Ne zna ni sama koliko dugo je tako stajala.

Kada se smirila, makla je ruke s lica i shvatila da je opet

u krevetu, pored Liama. Soba je opet bila samo soba. Svjetlo je nestalo, bio je potpuni mrak. Bila je potpuno zbunjena, ne shvaćajući je li sve bio samo san. Osjećala je svoje lice, vlažno od suza. A i tijelo joj je još uvijek treperilo.

Ali, osjećala je mir. Nije bilo ni važno je li sve bio samo san ili ne. Emocije koje je osjetila bile su stvarne. Osjetila je promjenu u sebi, da više nije ona stara Chiara.

Duboko je izdahnula, stiskajući se još jače uz Liamovo toplo tijelo, tonući u san, ne znajući da će vrlo brzo svjedočiti najvećem čudu od svih. Dvjema crticama na testu za trudnoću, koje će joj potvrditi da ovo nije bio san. Zaista je vidjela ovu malu dušu koja je odabrala nju i Liama za svoje roditelje. Dušu koja je čekala da dođe kao plod ljubavi muškarca i žene koji će je, živeći ljubav i zahvalnost, voditi kroz ovu čaroliju zvanu život.

Lilly i Rose

Rita je spavala mirnim snom, dok nije začula glasnu zvonjavu. Trebalo joj je nekoliko trenutaka da shvati da je to zvuk telefona. Pogledala je na sat – 3:35. Istog joj je trenutka nemir obuzeo cijelo tijelo. Cijeli je život strepila od tog najvećeg roditeljskog straha – da telefon zazvoni u sate, kada takav poziv ne može značiti ništa dobro.

"Halo", rekla je uplašenim glasom.

"Gospođa Rita Martin?", čuo se muški glas sa druge strane.

"Da, ovdje Rita Martin."

"Vi ste majka Lilly Harris i Rose Walker?"

"Da. To su moje kćerke. Nešto im se dogodilo?", upita ona drhtavim glasom.

"Gospođo Rita, ovdje policija. Vaše su kćerke nastradale u prometnoj nezgodi jutros u 02:00. Obje se nalaze u bolnici Sv. Helena, kamo su hitno odvezene u teškom stanju."

Više nije čula policajca. Ruka joj je toliko drhtala da više nije mogla mirno držati slušalicu. Noge su je izdavale i jedva je stajala. Počela je nekontrolirano plakati, pokušavajući pritom uhvatiti dah.

"Što se dogodilo, što se dogodilo?" Sada, već vičući, uspije izustiti gospođa Rita kroz suze.

"Kamion koji je pretjecao iz suprotnog smjera nije ih vidio zbog lošeg vremena i direktno se sudario s njihovim automobilom."

"Jesu li žive?", upita ga Rita, pridržavajući se za zid posljednjim snagama kako ne bi izgubila tlo pod nogama.

"Ne znam što se upravo događa, ali obje su još uvijek imale puls kada su odvezene. Predlažem da krenete u bolnicu pa ćete tamo dobiti sve informacije. Oba supruga su također obaviještena. Žao mi je gospođo. Pomolit ću se za Vas i Vaše kćerke", rekao je policajac glasom punim suosjećanja.

Lilly je otvorila oči, osjećajući neopisivi spokoj. Osjetila je kako napušta svoje tijelo lebdeći prema stropu bolničke sobe. Sve je jasno vidjela. Imala je pogled na cijelu sobu i osoblje koje se nalazilo oko nje.

"Gubimo je!", čula je doktora. "Defibrilator hitno!"

U sobi je vladala panika koju ona nije osjećala. Osjećala je mir kao nikad prije u životu. Nije čak bila zbunjena niti spoznajom da vidi svoje tijelo na operacijskom stolu. Nije čak ni osjećala da je to ona. Promatrala je svoje tijelo kao komad odjeće kojeg skine sa sebe kada dođe kući. Znala je da to nije ona. Ona je bila ovdje gore, slobodna i spokojna, odvojena od te strke i panike koju je promatrala.

Mogla je čuti misli sestara i doktora koji su se nalazili oko nje i osjetiti njihove emocije, ali je sve to doživljavala kao da gleda film. Osjećala ih je, istovremeno ne osjećajući da su te emocije njene.

U drugom dijelu sobe, odvojenom zastorom, vidjela je tijelo svoje sestre Rose. Mogla je vidjeti kroz zastor. I oko nje su bili liječnici i sestre te pokušavali sve kako bi je održali na životu. Tijelo joj je bilo modro i prekriveno krvlju, a nekakva široka prozirna cijev, spojena na aparat pored nje, virila joj je iz usta.

Lilly nije osjećala tugu. Upravo suprotno. Čak se i pitala čemu sva ta panika, kada je ona odlično. Kada više nije tamo. Željela je da može svoj mir prenijeti na sve prisutne u sobi.

"Gubimo i drugu sestru! Ne smijemo ih obje izgubiti! Čujete li me? Ne smijemo!", čula je drugog doktora koji je svim snagama pokušavao vratiti Rose u život.

Jak jednoličan zvuk začuo se s aparata koji je mjerio otkucaje srca Rose. Lilly je opet mogla osjetiti paniku koja je zavladala prostorijom, iako ni jedna riječ nije bila izgovorena.

"Lilly!", začula je glas koji joj se nježno obratio.

Pogledala je u smjeru glasa koji ju je zazvao i pored sebe, na stropu sobe, ugledala Rose. Bila je prelijepa. Ljepša nego ikada prije. Koža joj je bila čista i bijela. Iz nje su dopirale predivne zrake svjetla i zračila je ljubavlju.

"Seko! Tu si!", uskliknula je Lilly, osjetivši bezuvjetnu ljubav. Poletjela joj je u zagrljaj i stiskala najjače što je mogla. Obje su u tom trenutku istovremeno osjetile ljubav, mir i spokoj. Cijeli su se život beskrajno voljele. Od prvog su trenutka bile zajedno u majčinom trbuhu i, kako su voljele govoriti, bile su najbolje prijateljice, i to ne 35 godina koliko su imale, nego su uvijek govorile godinu dana više, jer su se zavoljele u maminom trbuhu i prije nego su udahnule prvi dah života. Blizanke s neraskidivom vezom od prvog trenutka.

"Što se događa, Lilly? Jesmo li umrle?"

"Pa ja nemam osjećaj da sam mrtva", odgovori Lilly. "Osjećam se življe nego ikada."

"Mislim da jesmo. Mislim da se ovo dogodi kada umreš", odgovori Rose, bez imalo tuge u glasu.

Obje su se osjećale isto. Spokojno. Kao da nisu imale nikakve veze s tijelima koja su ležala na bolničkim stolovima i kaosom koji se događao oko njih.

"Dođi da ti nešto pokažem!", rekla je Lilly odlučnim glasom. Kao da je ona bila ta koja se brže prilagodila cijeloj situaciji.

Već u sljedećem trenutku, kao u bljesku, obje su se našle na stropu bolničke čekaonice, u kojoj su bili njihovi supruzi i majka.

Majka je sjedila u fotelji, neutješno plačući. Lillyin suprug, Adrian, sjedio je pored nje, držeći je u zagrljaju. Zurio je u zid, vidno zabrinut. Rosein suprug, Mario, nemirno je šetao po čekaonici pričajući na mobitel, dok su mu oči bile pune suza.

"Zašto su tako tužni?", upita Rose.

"Zato što misle da mi nismo dobro", odgovori joj Lilly glasom punim nježnosti.

"Hej, mama!", povikne Rose.

"Tu smo, mama! Dobro smo! Adriane, Mario!"

"Ne čuju te, Rose. Ne vide nas i ne čuju."

U tom se trenutku u daljini pojavi ogroman bljesak svjetla. Kako im se približavao, obje su mogle vidjeti da je u sredini tog svjetla obris osobe koja im se približavala.

Kako je silueta dolazila sve bliže, obje su počele osjećati neopisivu ljubav. Ljubav te osobe prema njima koja ih je kupala najljepšim mogućim emocijama.

"Tata!", uzviknula je Rose, prepoznavši ga.

"Lilly, to je tata!"

Istog su se trenutka obje našle pored njega, stapajući se svi u jedan zagrljaj.

"Tatice, to si ti!", nastavila je Rose, sijajući od sreće i uzbuđenja.

"Kako si mi nedostajao!", govorila je Rose, ne puštajući ga iz zagrljaja.

"Tata moj! Kako sam sretna što te vidim!", radosno je uzviknula Lilly, grleći ga najjače što je mogla. Tim je zagrljajem pokušavala nadoknaditi posljednjih 7 godina, tijekom kojih ga je tako željela zagrliti. Tata im se razbolio prije 9 godina od karcinoma pluća i preminuo dvije godine kasnije.

"Cure moje drage!", rekao je otac nježnim i dobro poznatim glasom kojeg su toliko obožavale.

"Zar ste mislile da vas neću dočekati? Pa kako da ne dočekam moje dvije najdraže djevojke na svijetu?"

Bile su presretne što ga opet vide. Izgledao je fantastično. Točno je bio onakav kakvog su ga se sjećale dok je bio zdrav. Imao je najtoplije oči koje su ikada vidjele. Izgledao je vitalno i zdravo za jednog sedamdesetogodišnjaka.

"Tata, pa ti si isti kao i prije bolesti!", obrati mu se Lilly.

"Kada napustimo ovaj svijet, za sobom ostavljamo sve ono što nam više ne treba. Otpuštamo ego, sve granice našeg uma, ali i naše tijelo. A time i naše bolesti. One i dođu na sva ta ograničenja koja nosimo sa sobom živeći svjetovni život. Vi vidite ovaj trenutak mene kako me pamtite. Kao i sebe. Ali to je samo zato da se lakše prilagodite ovoj promjeni. Uskoro ćete shvatiti da vam ništa od toga ovdje više ne treba. Da ste ovdje dvije duše, dva predivna sjajna svjetla, čiste svijesti. Ovako uvijek izgleda početak tranzicije da dušama koje se vraćaju kući ne bude preveliki šok, dok se ne prisjete tko su zaista. Uvijek ih dočekaju njihovi voljeni koji znaju koliko će im utjehe i radosti ti susreti pružiti."

"Tata, jesmo li umrle?", upita ga Rose.

"Ovog trenutka, da. Ali, još uvijek možete odabrati vratiti se."

"Možemo se vratiti?", iznenađeno upita Lilly.

"Da. Svaka duša ima mogućnost izbora. To i jeste naš najveći dar od Boga. Ne postoji duša koja se vratila kući, a da joj nije postavljeno pitanje želi li nastaviti život na Zemlji. Postoje duše koje naprave dogovore prije odlaska i već sa sigurnošću znaju da neće željeti natrag na Zemlju, pa odaberu način prelaska gdje je nemoguće se vratiti. Ali, i to je bio njihov odabir. A postoji i velik broj duša koje odaberu proći "školu podsjećanja" zašto su odabrale otići na Zemlju i je li njihova svrha ostvarena. Nema pogrešne odluke. Ne postoji samo jedan život. Postoji više života. Svaka duša to zna. I svaka duša odlučuje za sebe. Uvijek je sve dobro. Što god odlučite. Dođite, vodim vas nekamo."

Na same očeve riječi, istog se trenutka poviše njih pojavio tunel svjetla koji ih je počeo povlačiti prema gore. Obje su osjetile kako se kreću kroz tunel nevjerojatnom brzinom. Brzinom kakvu nikada prije nisu osjetile. Ni same nisu znale koliko je vremena prošlo. Dok su putovale tunelom, obje su imale osjećaj kao da je vrijeme zastalo. Točnije, kao da vrijeme ne postoji. Sve kao da je trajalo dugo, a istovremeno kao da se dogodilo u jednoj sekundi.

Kako im se činilo već sljedećeg trenutka, tunel je nestao i svo su se troje našli iznad predivne livade okupane svjetlom, s najljepšim cvijećem koje su ikada vidjele. Boje su bile prekrasne.

Sve boje koje su do tada poznavale bile su dvostruko izraženije i naglašenije. Ljepota koja je oduzimala dah. Livada je bila puna predivnih žutih leptira koji su bezbrižno letjeli zrakom.

"Vidi leptire!", kroz osmijeh uzviknu Rose. Obožavam leptire! Moje najdraže životinje. Rose je bila uzbuđena. Cijeli je život obožavala leptire. Svom je sinu uvijek tepala: "Moj mali leptiriću".

Lilly su pažnju privukle tri fotelje koje su stajale nasred livade, nasuprot velikog zaslona koji kao da je lebdio u zraku.

"Dođite, sjedimo ovamo!", pozvao ih je otac.

Tata je sjeo u sredinu, Lilly s njegove lijeve strane, Rose s desne.

"Vrijeme je da se podsjetite!", rekao im je nježno tata.

„Pa ovo je fantastično! Kao da smo u kinu!", kroz smijeh kaže Rose. „Kao u dobra stara vremena!"

"Donekle si u pravu", odgovori otac.

Lilly uhvati tatu za ruku, ne želeći propustiti trenutak koji je i nju podsjetio na djetinjstvo.

"Što ćemo gledati, tata?", upita Rose.

"Vaš život. Pogledat ćete jeste li živjele kako ste željele? Vidjet ćete kako život uistinu funkcionira i kako ste utjecale na živote drugih ljudi nekim svojim postupcima."

Prije nego su se obje snašle, na zaslonu su se počele prikazivati slike njihovog života od rođenja.

Vidjele su svoje rođenje. Radost majke i oca kada su shvatili da su dobili blizanke. Bilo je to iznenađenje jer, kada je njihova mama bila trudna, ultrazvuk još nije postojao, a srce im je kucalo kao jedno, pa ni liječnik nije mogao znati da su dvije bebice unutra. Rodile su se mjesec dana prerano i izgledale su poput dva mala pupoljka. Zato su im i dali imena Lilly i Rose.

Vidjele su sebe u inkubatorima kako su se borile za život. Ono što ih je obje iznenadilo je da su vidjele kako su poviše njihovih inkubatora u bolnici stajali anđeli koji su držali ruke naslonjene na njih, puneći ih snagom i energijom koja ih je jačala.

"Wow!", oduševljeno usklikne Rose. "Anđeli!"

"Da. Uvijek su tu uz djecu. Svako dijete dobije svog anđela čuvara kada dođe na Zemlju. Do kraja života. Oni su bili uz vas i danas, kada ste doživjele nezgodu. Uvijek su tu."

"Ali, ako su bili uz nas, kako nisu spriječili da nas kamion udari?", upita Lilly.

"Jer je davno vaša odluka bila vratiti se ovdje u trideset petoj godini i podsjetiti se svega ovoga. Svaka duša, prije odlaska na Zemlju, donosi odluku koliko dugo želi živjeti svjetovni život. Kada dođe to vrijeme, vraća se ovdje pregledati svoj život i tada donosi odluku žele li ostati ili nastaviti putovanje zvano život."

"Ali, većina se ne odluči vratiti. Zar ne, tata? I tvoja je odluka bila ne vratiti se, točno?", upita ga Rose, kao da već zna odgovor.

"Tako je! Većina ljudi, kada se vrati ovdje i ponovno osjeti slobodu ove dimenzije bez ograničenja vremenom i prostorom, s radošću zaključuje da žele ostati. Život na zemlji nije lagan. Potrebno je puno unutarnjeg rada da bi ga živjeli svjesno i sretno, kako nam duše žive ovdje. Rijetki su oni koje nazivamo Budnima a koji dostignu određenu razinu svijesti da tijekom života spoznaju slobodu koju im duša živi svakog trenutka. To su ljudi koji istinski prožive život! Kao i oni koji se odluče vratiti sa znanjem kojeg se ovdje prisjećaju. Upravo ti koji se odluče vratiti ponovno u život, vraćaju se promijenjene svijesti i više nikada ne zaborave tko su uistinu i da smrt ne postoji. Tada se za njih njihova misija mijenja i postaju oni koji bude druge. Ja se nisam vratio jer sam shvatio da je moja svrha bila ispunjena. Kada sam pregledao svoj život, shvatio sam da sam odradio sve što sam odabrao odraditi. Karcinom je bio samo alarm kojim me duša preko tijela podsjetila da više ne uživam u životu. Vama više nisam bio potreban kao prije. Izrasle ste u dvije predivne žene, posvećene svojim obiteljima i karijerama. Bio sam spreman vratiti se kući."

"Ali, nisi upoznao svoje unuke tata!", tužno je rekla Rose.

"Nije to baš istina", odgovori joj on, pokazujući prstom na zaslon.

Rose, u tom trenutku, na zaslonu ugleda sebe u rađaoni. Prije dvije godine, na staru je godinu rađala svog sina. Točno je vidjela scene koje se jasno sjeća. Bolničkog apartmana u kojem je rađala, Maria koji stoji pored nje, držeći je za ruku i dajući joj snagu. Nekoliko ju je trenutaka dijelilo od poroda. A onda ugleda nešto što tada nije vidjela. Oca koji sjedi na fotelji pored nje, držeći bebu u rukama. Ljuljao je svog unuka, gledajući ga u oči s ogromnim osmijehom na licu.

"Tata! Pa kako je ovo moguće?", ushićeno ga upita Rose.

"Moguće je, dušo. Ja sam ga držao prije nego si ga ti vidjela. I upoznao. Znao sam prije tebe da ti stiže predivan dječak. Sve duše budu ovdje prije nego dođu na Zemlju. Mi svi koji smo napustili Zemlju budemo s njima prije vas. Tako da ne brini. Upoznao sam ja i tvog sina i obje Lillyine djevojčice."

Lilly se rastopila od ove pomisli. Koliko je samo puta poželjela da je tata doživio vidjeti njene dvije djevojčice koje je rodila tri godine nakon njegove smrti!

"To je predivno tata! A koliko ljudi tuguje kada im roditelji odu prije nego dočekaju unuke!"

"Da. Svi oni to shvate kada dođu ovamo. Da nije bilo potrebe za tugom. Život nije baš onakav kakvim se čini dok ga živimo. Ako išta ovdje znamo, onda je to da je sve dobro..."

Zaslon ponovno počne prikazivati njihov život. Gledale su svoje prve korake, odlazak u vrtić, bezbrižne igre i trenutke s roditeljima.

Došle su do školskih dana i pred njima se pojavi scena Lilly, kada je imala 13 godina, kako ulazi u školu sa svojim prijateljicama. Na vratima škole, prilazi joj dječak koji joj sramežljivo pruža pismo. Bilo je to ljubavno pismo. Lilly uzme pismo kroz smijeh i potrga ga pred dječakom, nastavljajući dalje, dok su se sve prijateljice oko nje podrugljivo smijale. Komadići pisma ostali su na podu pored dječakovih nogu. Lilly je šokirano gledala tu scenu.

"Ja se ovoga ne sjećam."

"Ti možda ne, ali Toby itekako. Sada ćete vidjeti kako jedan naš postupak može utjecati na ljude i cijeli njihov život."

Sada se na zaslonu pojavi trinaestogodišnji Toby kako sjedi u sobi i piše ljubavno pismo Lilly. Toby je bio jako zaljubljen u Lilly. Za njega je ona bila najljepša djevojčica na svijetu. Kada je napisao pismo, stao je ispred ogledala govoreći sebi: "Možeš ti to, Toby! Sutra joj daj pismo. Mora znati koliko je voliš. Nećeš se osramotiti."

U sljedećoj su sceni vidjeli kako Toby stoji u suzama na vratima škole. Sva su mu se djeca smijala. Plakao je putem do kuće. Taj ga je događaj promijenio. Lilly je mogla vidjeti cijeli daljnji tijek njegovog života kao nesigurnog muškarca koji nikada nije povratio svoje samopouzdanje zbog tog događaja u školi. I dan danas je ostao sam, kao muškarac od trideset pet godina koji svoju tugu utapa u alkoholu.

Lilly je šutjela, dok su joj se suze kotrljale niz lice. Kako je mogla biti tako bezobrazna i bezosjećajna prema tom dječaku?!

"Zar sam stvarno ja jednim takvim postupkom utjecala na cijeli njegov život?"

"Da!", odgovori joj otac.

"Nikada se nije oporavio od toga. Nije on nikada postao svjestan da je baš taj događaj uzrok, ali taj trenutak, kada je bio osramoćen i ismijan od cijele škole, uzrokovao je njegovu daljnju sliku o sebi. Sve odabire i odluke, koje je donosio u životu, donosio je zbog tog niskog stupnja samopouzdanja u kojem je ostao. Ne osjećaj se krivom Lilly, nisi znala. Bila si samo mala djevojčica. Nije na nama da osjećamo krivnju za odluke i odabire drugih. Svatko ima slobodnu volju da radi na sebi i mijenja svoj život, ako nije sretan i život mu ne daje rezultate koje želi. Svi ljudi ponekad nesvjesno povrijede druge. Stoga je važno biti što bolji čovjek jer nikada ne znaš koliko tvoja gruba riječ ili postupak može utjecati na nekoga. Isto kao i lijepa riječ ili gesta."

Na te očeve riječi, na zaslonu se opet pojavi Lilly, ovog puta sa svojih 30 godina kako stoji u redu u trgovini. Ispred nje, na blagajni je bila bosonoga žena s djetetom koja je plaćala četiri jogurta.

"Četiri eura", kaže blagajnica.

"Kako četiri eura?", upita žena.

"Pisalo je da su ovi na akciji. Četiri za dva eura."

"Ne, gospođo. Ovi nisu na akciji. Krivo ste vidjeli."

"Ništa onda, uzeti ću samo dva."

"Ja ću platiti za Vas, gospođo!", javi se Lilly, dodavajući ženi sva četiri jogurta.

"U redu je. Ja ću platiti, zajedno sa svojim stvarima."

"Hvala Vam, gospođo!", odgovori žena, zahvaljujući joj, ne samo riječima, već i pogledom.

Lilly se sjećala ovog događaja. Ono što nije znala je što se dogodilo nakon toga.

Ne zaslonu je vidjela ženu koja je izašla iz dućana, presretna što su joj ostala 2 eura koja nije potrošila. Nakon nekoliko minuta odlučila je ući u kiosk koji je prodavao srećke za lutriju. Za jedan je euro kupila grebalicu i osvojila novčani dobitak u iznosu od sto pedeset tisuća eura!

Život joj se promijenio iz temelja. Njeno je dobro djelo pokrenulo lančanu reakciju za koju nije nikad saznala, sve do sada. Vidjela je cijeli njen život nakon toga, ali i život njenog djeteta. Sve je izgledalo posve drugačije nego što bi bilo da Lilly to nije napravila.

"Ovo je predivno!", zapljeskala je Rose.

"Uistinu jeste!", potvrdi i Lilly, osjećajući prekrasnu toplinu oko srca.

„Svaki naš postupak utječe na druge ljude. Svaki. I nikada ne saznamo kako smo utjecali na nekoga. Ali, svaki čovjek pregleda cijeli svoj život kada dođe ovamo i vidi da li je svojim životom pozitivno ili negativno utjecao na tuđe živote", nastavi otac.

Odgledale su cijeli svoj život na zaslonu. Vidjele su i tuđe priče. Vidjele su kako je Roseina direktorica, koja je vrijeđala i maltretirala sve ostale zaposlenike, pa tako i Rose, zapravo bila jako nesretna osoba. Imala je supruga koji je danima izbivao iz kuće. Kada bi došao, vrijeđao bi je, govorio da je nikakva majka, da ne može jesti što ona skuha jer nije ni blizu kvaliteti kuhinje njegove majke. Vidjele su je bezbroj puta kako sjedi uplakana na podu kupaone. I koliko je zapravo njeno ponašanje na poslu bilo pozivanje u pomoć. Jasno su vidjele da su njeni napadi proizlazili iz njene boli.

Rose je osjetila ljubav prema njoj.

"Bože, ovo nisam znala. Da jesam, potpuno bih se drugačije ponašala prema njoj. Pa njoj je bio potreban prijatelj, a mi smo je svi mrzili i preokretali očima, kada bismo je ugledali. Nikad je nismo pozvali da ode s nama na piće nakon posla", izgovorila je

Rose tužnim glasom, shvaćajući koliko je griješila.

"Nisi to mogla znati, Rose", odgovori joj otac.

"Ali, sada jasno vidite kako svaka osoba koja napada drugog vapi za pomoći. Upravo su ljute i agresivne osobe pune boli. Takvim je ljudima ljubav najpotrebnija. Svaka osoba koja ima unutarnji nemir ispoljava ga na van. Na drugim ljudima. Zbog nemoći koju osjeća. Po tome se uvijek može prepoznati tko vodi unutarnje borbe. Sretna osoba ima samo jednu potrebu, a to je da svoju sreću dijeli s drugima."

Kako je otac izgovarao te riječi, odjednom se sve zamračilo, dok se u daljini pojavilo jako svijetlo koje je išlo prema njima nevjerojatnom brzinom. Nije to bila osoba, ali kao da jeste. Kao da su poznavale entitet koji im se približavao, a opet nisu. Osjećale su da su u mraku, a opet u svjetlu. Nikada nisu doživjele tako nešto. Prišao im je i rekao bez izgovorene riječi: "Vrijeme je da pođete sa mnom!".

I prije negoli su se obje snašle, svjetlo ih je povuklo unutar sebe. Kao da su otpustile svoja tijela i stopile se sa svjetlom od tog trenutka. Svaka je istovremeno bila orb, entitet, svijest, inteligencija, snaga, moć, ljubav – sve u jednom. Osjećale su da su dio toga, a opet, kao da svaka za sebe, istovremeno, ima svoju individualnu svijest. Lebdjele su Svemirom kroz zvijezde u toj sjajnoj kugli, potpuno se prepustivši ljubavi i sigurnosti koju su osjećale. Svijetlo, u kojem su bile, razlijevalo se po njima i u njima. Postale su dio njega. Postale su znanje i čista svijest. Obje su imale osjećaj kao da poznaju ovo mjesto. Prepoznale su ga. Bile su već tu. Osjećale su kako otpuštaju svoja stara tijela, bez ikakve potrebe za vezanošću. Osjetile su slobodu. Slobodu čiste svijesti, bez ikakve potrebe za ičim. Bile su sve i bile su ništa. Bile su velike i male. Bile su unutar te kugle i van nje istovremeno. Mogle su vidjeti sve oko sebe i unutar sebe. Bile su energija. Čista energija. U tom su se trenutku stopile u jedno. Više nisu bile dvije svijesti. Bile su jedna svijest. I sjetile su se. Sjetile su se da su takve bile i prije. Jedna duša, jedna svijest. Prepoznale su se. Vratile su se sebi. Vratile su se kući. Slobodne od ega, osobnosti, karaktera, uma, misli, boli, vezanosti, tijela. Nikakav strah nije postojao. Mirnoća, postojanje i ljubav. Beskrajna ljubav, a to su oduvijek i bile.

Svjetleća se kugla raspršila i mogle su vidjeti zvijezde, na milijune njih. Svaku ponaosob i sve zajedno istovremeno. Pred njima se pojavio portal koji ih je dozivao bez izgovorene riječi. Svjesno su krenule prema njemu. Vidjele su planet Zemlju i istovremeno sve ljude na njemu. Svaku jedinku ponaosob. U tom trenutku, velika bijela kugla svjetla pojavi se nad planetom i rasprsne u 8 milijardi malih kugli, pri čemu svaka kugla ode prema jednom čovjeku. Kugle su ušle u tijela ljudi na planetu i osvijetlila im srca. Svaka je osoba na planetu svijetlila. Sestre su osjetile neopisivu ljubav u spoznaji jednosti. Postale su svjesne i svjetla u njima. Osjetile su povezanost sa svakom osobom na planetu. Ponovno su mogle vidjeti svoj utjecaj na svaku osobu koju su susrele u životu. Ali, ovoga su puta mogle osjetiti i emocije tih osoba. Mogle su osjetiti njihovu radost ili tugu. Sada su osjetile bol svake osobe koju su putem povrijedile. Sto puta uvećanu. Osjećale su i svaku radost koju su prouzrokovale. Nisu osjetile da ih se osuđuje. Nisu ni one osuđivale sebe. Samo su promatrale. Ali, osjećale su apsolutno sve.

Znale su koliko su voljene u ovom trenutku. I, iako su osjećale tuđu bol, istovremeno su osjećale i ljubav. Kupale su se u bezuvjetnoj ljubavi, osjećajući da je dio njih i one su bilo dio nje.

Obje su čule glas koji im je govorio: "Voljene ste. Beskrajno ste voljene. Uvijek ste bile dio Mene i uvijek ćete biti. Nikada niste bile odvojene od Mene. Uvijek Sam bio s vama i u vama. Ništa niste mogle napraviti, a da to nisam osjećao i Ja. Bez obzira što se događalo, svjetlo u Vama bilo je jače. Ljubav je uvijek bila i ostala u vama."

U tom trenutku su svi ljudi na Zemlji zasvijetlili jačim intenzitetom, ali su obje sada jasno mogle vidjeti sjenke na njihovim očima.

"Svaka osoba na svijetu", svjetlo je nastavilo govoriti, "nosi ljubav u sebi, ali mnogi ljudi imaju sjene preko očiju koje im ne dozvoljavaju da vide tko su drugi zaista. Nije ni to slučajno. Kako bi ljudi spoznali tko su uistinu potrebno je zaigrati ovu igru života u kojoj zaborave tko su i da su svi jedno, da su svi ljubav. Gledaju se, ali se ne vide. Živeći život, osjećajući i pružajući ljubav, sve više se podsjećaju tko su, a sjenke s očiju nestaju.. Ljubav i znanje im otkrivaju tko su uistinu. Zato neki znaju tko su, a neki ne. Ništa se ne događa slučajno. Sve je to dio Mog plana. Od početka do kraja. Sve je kako treba biti. Sve je dobro."

"Došlo je vrijeme da odlučite želite li se vratiti", rekao im je glas.

U tom su se trenutku ponovno odvojile u dva svjetla, s dvije različite svijesti. Opet su imale obrise tijela. Stajale su jedna nasuprot druge, ali nisu vidjele jedna u drugu. Vidjele su slike duša prije dolaska na Zemlju i dogovore koje rade. Vidjele su predivnu svijetleću kuglu iz koje su se odvojila dva orba, dvije duše.

"Nas ćemo dvije biti sestre", čule su kako jedna duša izgovara.

"Hajdemo ovog puta proživjeti iskustvo sestara blizanki. Da vidimo kako je roditi se i imati najbolju prijateljicu u svakom trenutku svog života, ali i da svladamo izazove individualnosti. Okolina će nas čitav život tretirati kao jednu osobu pa da naučimo zadržati svaka svoju osobnost, bez osjećaja konkurencije."

"Slažem se", odgovorila je druga duša.

"Odlična misija. Ljubavlju i povezanosti koju ćemo osjećati naučit ćemo, kako sebe, tako i druge ljude, vidjeti izvan okvira. Jednost koja živi kao dvojnost. Predivna misija."

U tom su trenutku, iz velikog svjetla iz koje su izašle njihove dvije duše, izašla još tri orba.

"Mi ćemo doći kao tvoje kćerke!", uglas su viknule obje dušice, obraćajući se duši koja će biti Lilly.

"A ja ću doći kao tvoj sin!", javi se treća duša dolazeći do duše koja će biti Rose.

Lilly i Rose su sada mogle vidjeti sve dogovore koje su napravile prije dolaska na Zemlju. Prvo su zajedno gledale dogovore koje je Lilly napravila s ovim malim dušama. Vidjele su kako je Lilly odabrala, osim misije da svojim životom ukaže na individualnost, da život proživi kao majka dvije djevojčice. Da djevojčicama bude primjer žene koja će fenomenalno nalaziti balans između svoje poslovne strasti i roditeljstva. Biti će majka koja će ih najviše učiti svojim primjerom. Obje će djevojčice biti lideri u svojim odabranim strukama na načine na koji su promatrale majku, te svojim znanjima utjecati na ogroman broj ljudi da ostvare svoje snove, ali i da shvate koliko su snažni i sposobni. Tako je Lilly mogla vidjeti koliko će njen život, kao domino efekt, imati utjecaj, ne samo na njene kćerke, već i na daljnje generacije ljudi, pa čak i stotinama godina unaprijed. Vidjela je da će odabrati vratiti se ovamo, kada njene kćerke već postanu majke, sa svojim obiteljima i uspješnim karijerama. Vratit će se ovamo, kada njena misija bude završena.

Sada su gledale dogovore koje je Rose napravila s dušom koja će doći kao njen sin.

Obje su duše željele ponoviti misiju u kojoj će pomagati ljudima u teškim trenucima boli i gubitka voljenih osoba. Vidjele su da su u prošlim iskustvima, koja su odabrale prije dolaska na Zemlju, duša Rose i duša njenog sina imali zamijenjene uloge. Rose je tada bila dijete, a duša koja će biti njen sin u prošlom je iskustvu bila njena majka.

U prošlom je životu Rose bila dijete koje je po zemaljskim mjerilima prerano napustilo svijet, a duša koja je tada bila njena majka život je posvetila radu s roditeljima koji su prerano izgubili svoju djecu pružajući im, kroz zakladu i predavanja, utjehu o tome kako nas naši voljeni nikada uistinu ne napuštaju, te je svojim radom osvještavala roditelje kako živjeti nakon gubitka djeteta. Vidjeli su i kolikom su broju roditelja pomogli. Kolikom su broju roditelja dali novu perspektivu života i naučili ih da nastave živjeti život kakav bi za njih htjela njihova djeca. Bila je to predivna misija za obje duše. Zato su je i htjeli ponoviti, ali su ovog puta željeli pomoći djeci koja su prerano ostala bez roditelja. Zato će i zamijeniti uloge ovog puta. Rose će doći kao majka i, po zemaljskim mjerilima, prerano napustiti svijet.

Zbog Roseine odluke da se ne vrati na Zemlju, njen će sin izrasti u predivnog muškarca prepunog razumijevanja za sve koji prerano ostanu bez roditelja. Vidjele su kako će napisati nekoliko knjiga na temu smrti te kako će živjeti život na način na koji bi Rose bila ponosna na njega. Zbog preranog Roseinog odlaska, njen će se sin sve više prisjećati tko je zaista i njihovog dogovora, te će pružati ljudima uvide u izbore duša i mogućnost da smrt ne postoji kao kraj.

Osnovat će zakladu Duše leptiri posvećenu svojoj majci koja ih je obožavala.

Mogli su jasno vidjeti milijune ljudi kojima će pružati utjehu i davati snagu kroz taj rad.

Slike su nestale i Lilly i Rose su, ponovno, mogle vidjeti jedna drugu. Gledale su se bez ijedne izgovorene riječi, osjećajući beskrajnu ljubav jedna prema drugoj, kao i prema svemu čemu su upravo svjedočile.

"Mislim da je ovo zbogom, Rose", tiho je rekla Lilly, shvaćajući da se Rose neće odlučiti vratiti na Zemlju.

"Nije, Lilly! Ovo je doviđenja!", kroz osmijeh je rekla Rose, poletjevši joj u zagrljaj.

Sestre su se držale čvrsto u zagrljaju, ne osjećajući tugu. Držeći se tako u zagrljaju, ponovno su mogle osjetiti da su jedno. Da su uvijek bile jedno i da će jedno zauvijek i ostati.

"Znam da ćeš uvijek biti uz mog sina", šapnula joj je Rose tiho na uho, još uvijek ostajući čvrsto u njenom zagrljaju. "Podsjećaj ga svaki dan koliko ga volim. Podsjećaj ga da ću svakog trenutka biti uz njega. Sve mu ispričaj. Podsjećaj ga svakodnevno tko je i da sam zbog beskrajne ljubavi prema njemu odabrala ne vratiti se, kako bi on mogao ispuniti svoju svrhu. Reci mu da neće postojati trenutak u kojem neću biti uz njega.”

“Hoću Rose, obećavam!”, rekla je Lilly.

„Nedostajat ćeš mi!”

“Tu sam i uvijek ću biti tu. Neće biti trenutak kada neću biti uz vas. I da. Kada vidite malog žutog leptirića, znajte da sam to ja!”, kroz osmijeh je rekla Rose, stiskajući sestru najjače što je mogla.

“Vidimo se, Rose!”, rekla je Lilly, osjećajući da mora poći.

“Vidimo se, seko!”, odgovori joj Rose, ponovno se stapajući sa svjetlom u jedno.

“I, Lilly, ne zaboravi: Sve je dobro!!!”

Lilly je polako otvorila oči. Zrake sunca dopirale su kroz prozor bolničke sobe. Mogla je čuti cvrkut ptica kroz otvoren prozor. Okrenula je glavu prema prozoru, udišući miris proljetnog jutra. Tog trenutka nije znala koliko je vremena prošlo od nezgode. Kasnije će saznati da je bila klinički mrtva devetnaest minuta i da su je u posljednjem pokušaju vratili u život.

Posljednja su dva dana bila dani strepnje za njenu obitelj, dok su čekali hoće li se probuditi.

"Budna je!", začula je glas svog supruga.

Istog je trenutka ugledala majku i supruga kako stoje nad njenim krevetom.

"Lilly, dušo, dobrodošla natrag!", izgovorila je mama kroz suze olakšanja, istovremeno joj mazeći obraze.

"Hvala Ti Bože, hvala Ti!"

Suprug je sjeo pored nje na krevet, hvatajući je za ruku.

"Lilly, ljubavi moja!", govorio je i on suznih očiju, mazeći joj obraze.

"Kako si dušo, kako se osjećaš?"

Lilly ga je gledala u oči, u potpunom miru i spokoju, prisjećajući se svega što je vidjela i doživjela.

U tom je trenutku mali žuti leptirić ušao kroz prozor bolničke sobi, sletjevši na rub Lillyinog kreveta.

Lilly ga je primijetila. Osmijeh joj se razvukao cijelim licem.

Gledala je nekoliko trenutaka u tog prekrasnog žutog leptirića, osjećajući prisutnost i beskrajnu ljubav svoje sestre.

Vratila je pogled na svog supruga, stišćući mu ruku i gledajući ga u oči te je tiho izustila:

"Sve je dobro......"

Leonard

Leonarda je probudilo jako svjetlo koje je bilo upereno u njega. "Ustani!", začuo je oštar glas i osjetio kako ga netko gura nogom.

"Ustani i skloni se odavde! Ovo nije spavaonica za propalice!"

Zbog svjetla je jedva mogao razabrati policajca koji je stajao iznad njega.

"Nemam kamo otići", rekao je Leo.

"O tome si trebao misliti ranije. Imaš dvije minute da nestaneš odavde", rekao je policajac i krenuo prema automobilu.

Leo je ustao i počeo savijati kartone na kojima je spavao. Deku kojom se pokrivao ugurao je u veliki ruksak koji je bio sve što je imao, još jednom pogledao prema policajcu i krenuo hodati. Nije znao kamo sada. Bilo je dva sata ujutro i jako je puhalo. Zato je i stao u zavjetrinu između dvije zgrade jer je to bilo jedino mjesto koje bi ga tog trenutka zaštitilo od hladnoće. Znao je da su sva "dobra" mjesta sada već zauzeta. Hodao je, dok nije ugledao most ispod kojeg mu se učinilo da bi se mogao večeras smjestiti. Kada je došao ispod mosta, i dalje je jako puhalo, ali nije imao izbora. Jedva je raširio svoje kartone, boreći se da ih vjetar ne odnese. Stavio je ruksak umjesto jastuka i cijeli se omotao dekom.

Ovo će biti još jedna duga i neprospavana noć, pomislio je.

Leo je uspio zaspati. Opet je, po tko zna koji put, sanjao najgori dan u svom životu. Dan kada je saznao da su ga poslovni partneri prevarili i da mu je tvrtka potpuno bankrotirala. To nisu bili samo njegovi poslovni partneri, već i prijatelji. Barem je Leo tako mislio. Potpuno im je vjerovao i nikada nije ni najmanje posumnjao da mu rade iza leđa. Leo je vrlo brzo ostao na ulici. Potpuno sam. Bez ičega. Jedini način na koji trenutno preživljava je prošenje na ulici. Izlaza nema.

Pomirio se da će ovako provesti ostatak svog života.

Kada se probudio, uputio se u najprometniju ulicu ne bi li isprosio nešto novaca. Kada bi se upalilo crveno svjetlo na semaforu, pokucao bi ljudima na prozor automobila, pružajući ruku da mu daju koji cent ili euro kako bi mogao preživjeti kroz dan. Doživljavao je svašta. Od suosjećajnih ljudi koji bi mu bez razmišljanja pomogli pa sve do ljudi koji su ga ignorirali kao da ne postoji. Bilo je i onih koji bi ga vrijeđali, nazivali pogrdnim imenima, čak i pljunuli na njega. Nikada se nije ljutio na njih, znao je što vjerojatno misle o njemu. Da je probisvijet i alkoholičar koji je tu svojom odlukom. Znao je da ne znaju njegovu životnu priču. Naviknuo je na sve ovih šest mjeseci, koliko živi na ulici.

Na semaforu se zaustavi veliki crni džip, zatamnjenih stakala. Leo nije mogao vidjeti tko je unutra. Svejedno je pokucao na prozor suvozača. U tom se trenutku prozor spustio. Leo unutra ugleda jako uglađenog gospodina i omami ga miris njegovog parfema. Izgledao je jako bogat.

Leo pruži ruku želeći uzeti novac, kad mu, umjesto novca, gospodin iz auta stavi knjigu u dlan.

"Prijatelju dragi", progovori čovjek.

"Sad ću ti dati puno veći dar od onoga po koji si došao. To što misliš da želiš pomoglo bi ti izdržati dan, a ovo što ti ja dajem pomoći će ti promijeniti život. Nemoj propustiti ovu priliku."

Leo je bio zatečen i nije uspio izustiti ni riječi.

Na semaforu se upalilo zeleno svjetlo i začula se truba automobila iza.

Dok je vozač džipa polako kretao, još mu se jednom obratio:

„Poslušaj me. Dao sam ti nešto najvrijednije što sam ti ovog trenutka mogao dati. Nemoj protratiti ovaj dar."

Leo je zakoračio unatrag bez riječi jer se upalilo zeleno svjetlo i automobili su opet jurili cestom. Leo spremi knjigu u svoj ruksak i nastavi čekati crveno svjetlo.

Kada je pala noć, otišao je u trgovinu i kupio sebi nekoliko konzervi ribe i graha i tetrapak soka od jabuke. Danas mora ranije pronaći mjesto za spavanje kako opet ne bi proveo noć na vjetru. Stigao je prije svih u ulicu u kojoj je spavanje za beskućnike bilo dopušteno. Danas je uhvatio najbolje mjesto. Namjestio je svoj karton i krenuo večerati. Kada je vadio konzerve iz ruksaka, ugleda onu knjigu.

Izvadio je pored sebe i gledao u nju. dok je večerao.

Promijenite život u 30 dana, pročitao je u sebi.

Da, baš je to moguće, kako da ne!, pomislio je. Ali, onda se sjeti čovjeka koji mu je dao. Zašto bi taj čovjek to napravio? Zašto bi mu dao knjigu, umjesto novca, kojeg je svakako imao.

Njegove su mu riječi još odzvanjale u glavi:

"Dao sam ti nešto najvrijednije što sam ti ovog trenutka mogao dati. Nemoj protratiti ovaj dar."

Što imam za izgubiti?!, pomislio je Leo. Nije baš da imam

neke obaveze sljedećih trideset dana, pomislio je i nastavio s večerom.

Kada je završio, legao je na svoj kartonski krevet i otvorio prvu stranicu knjige.

Ovo je najvažnija knjiga koju ćete ikada pročitati, Leo je počeo čitati predgovor.

Vjerujete li da za 30 dana možete živjeti posve različitim životom od onoga kojeg živite trenutno?

Pa ne baš, izgovorio je u sebi, ali sam voljan pokušati, bio je iskren. Nije prestajao misliti na čovjeka koji mu je knjigu i dao. Jednom je i on bio tako uspješan i zna kakav je sklop uma potreban za to. Ako je takav čovjek donio odluku da mu da knjigu umjesto novca, mora da postoji dobar razlog za to.

Nema te situacije, nastavio je čitati, **u kojoj se trenutno nalazite, a da iz nje ne postoji izlaz. I da ste na apsolutnom dnu, bez prihoda i krova nad glavom, sve se to može promijeniti kroz narednih trideset dana.** Leo je zastao. Prepoznao je sebe u ovim riječima. Pa to je on. Na samom dnu.

U ovoj ćete knjizi saznati kako promijeniti život u samo trideset dana. Saznat ćete tajnu koja vas vodi ka vašem

željenom načinu života. Ono što je važno je da pratite upute u knjizi i metode koje ću vam preporučiti. Primjena je od ključne važnosti ovdje. Ako ste trenutno bez posla, odlična vijest je ta da imate svo vrijeme ovog svijeta za rad na sebi i onome što ćete ovdje naučiti. Nadam se da ste spremni promijeniti svoj život iz korijena i početi živjeti životom za koji ste i stvoreni i kakav zaslužujete.

Spremni? Krenimo....

Leo je prešao na sljedeću stranicu. Bio je spreman. Tako je želio opet imati krov nad glavom, osjećati se kao čovjek. Već se šest mjeseci ne osjeća tako. Postao je nevidljiv u društvu. Ne postoji. Ničim ne doprinosi, ništa ne radi da bi se osjetio vrijednim, nema prijatelje, nema obitelj. Jako je teško osjećati se kao nitko i ništa.

Želi pronaći izlaz iz ove situacije, a trenutno ga sam ne vidi.

Prvi korak na putu prema promjeni – pisalo je u naslovu

Ono što živite ovog trenutka je ono u što vjerujete da je tako i da tako treba biti. To što ste doživjeli do sada i to čemu svjedočite ovog trenutka. Ali, ta istina nije zacementirana. Istinu možete mijenjati. Vi ste mnogo više od tog tijela koje nosite sa sobom i tog uma koji čitavo vrijeme traži logička

objašnjenja. Kako biste promijenili život trebate naučiti kako promijeniti istinu.

Mnogi misle da je život zamišljen da se promatra i tako ga žive, kao promatrači. Ne. Život je zamišljen da ga kreiramo, a onda da živimo našu kreaciju. Znam je da mnogima koji sada ovo čitate ovo potpuno novo. Ali, pokušajte izdržati i pročitati do kraja jer će uskoro sve postati puno jasnije. Dati ću vam zadatak koji će vam dokazati da ste u stanju u svoj život dovesti ono na što mislite i odlučite da vam dođe u život.

Vi već od sutra možete mijenjati svoju istinu koju živite ovog trenutka. Kako?

Tako da promijenite pogled na život, počnete misliti misli koje vam služe i, najvažnije, da počnete osjećati kao da već ovog trenutka živite ono što želite.

Vaša vibracija igra najveću ulogu u vašem životu. Vaša vibracija je ono kako se osjećate. Vaše emocije nisu ništa drugo doli energija u pokretu. I kada je ta energija pozitivna, točnije, ugodna (nada, radost, vjera, zahvalnost, optimizam...), to je znak da je i vaša vibracija visoka. Kada su vaše emocije negativne, točnije, neugodne (strah, zavist, ljutnja, pesimizam...) to je znak da je vaša vibracija niska. Vi točno možete znati kako vibrirate po tome kako se osjećate. Ovo je vibracijski svemir, koji nam, poput ogledala, šalje odraz naše vibracije. Želite li primati ono što želite, prvo morate naučiti tako vibrirati.

Tako mijenjate vašu istinu, a time, i vaš život. Prvo promijenite svoju vibraciju, a potom počnete dobivati vlastiti odraz. Vama se to već i događa. Pitanje je samo jeste li svjesni toga?

Leo je zastao s čitanjem i prisjetio se trenutka kada je saznao da su ga prevarili. Bio je u najvećem strahu u kojem je ikada bio. Mrzio je ljude koji su mu to uradili. Živio je u mržnji i ljutnji od trenutka saznanja za prijevaru. Čak i imao i jaku želju za osvetom. I tonuo sve dublje i dublje. Ne sjeća se kada je posljednji put osjetio i tračak nade da se nešto može promijeniti. A sada je živio u uvjerenju da će svaki dan biti samo gori i gori.

Prvi je korak ka promjeni promjena vašeg fokusa, nastavio je čitati. **Kada smo u teškoj situaciji, vrlo lako upadnemo u zamku promatranja samo loših stvari. Dobro oko nas kao da više ne postoji. Blagoslovi koje i u tom trenutku imamo za nas postaju nevidljivima.**

Prvo moramo to promijeniti. Kada krenemo u promjenu

našeg života, trebamo shvatiti da ne možemo nekom čarolijom u sekundi promijeniti to gdje smo sada, ali možemo promijeniti to kako se osjećamo. Barem na nekoliko minuta u danu. Prisjetite se. To kako se osjećamo, ono je što odašiljemo.

Prva vježba koju želim podijeliti s vama je vježba zahvalnosti. Zahvalnost je čarolija koja predstavlja prvi korak ka vašoj transformaciji.

Sljedeća dva dana, svaku večer prije spavanja i svakog jutra kada se probudite, osvijestite ono dobro u vašem životu. I nabrojite vaše blagoslove. Sigurno ih imate. Ovog trenutka sigurno imate nešto što netko drugi nema. Stavljanjem fokusa na bilo kakav oblik obilja koje živite ovog trenutka, počinjete vibrirati obiljem. Makar vam se u tom trenutku nešto i činilo sitno i nebitno. Nije! Ne uzimajte ništa zdravo za gotovo. Fokusom na makar jednu stvar koja vam u tom trenutku ide, vaš fokus će, s nemanja, prijeći na obilje. I osjetit ćete se malo bolje, barem na trenutak. Sasvim dovoljno da dođe do pomaka u vašoj vibraciji.

Nemojte nastavljati čitati ovu knjigu dok ne prođu ta dva dana. Obećavam vam da ćete kroz ta dva dana već doživjeti neke promjene u vašem životu i sami se uvjeriti koliko ovaj

lagani prvi korak ima moć da vam donese nešto novo i lijepo.

Leo je zatvorio knjigu. Nije htio nastavljati čitati, već će napraviti upravo onako kako je pisalo.

Što ima za izgubiti? Apsolutno ništa. Nije baš bio ludo uvjeren u ovo što je pročitao, ali mu i dalje iz glave nije izlazio čovjek koji mu je dao knjigu.

Udobnije se smjestio u svom kartonskom krevetu i razmišljao o tome što je to dobro u njegovom životu ovog trenutka.

Večeras spavam na odličnom mjestu, pomislio je. Jučer sam bio na vjetru i hladnoći, danas nisam. Da, mogu biti zahvalan na tome ovog trenutka. Imam deku za pokriti se, nastavio je. Netko je nema i osjeća hladnoću ovog trenutka. Danas sam skupio dovoljno novca i dobro jeo. Nisam gladan, nastavi nabrajati. Na tome sam zahvalan. Ništa me ne boli. Bez obzira što šest mjeseci nisam bio kod liječnika, zdravlje me, hvala Bogu, služi. Eto, na te tri stvari mogu biti zahvalan, pomislio je i nastavio razgovarati sam sa sobom. Hm, da, koliko dugo je prošlo, a da sam ovako pozitivno razmišljao. Ima smisla, nastavio je.

Leo je zaspao u tom trenutku.

Lea je probudilo sunce. Ni ne zna koliko je sati jer nema sata. Otvorio je oči, svjestan koliko je dobro spavao. Skoro svaku noć ima noćne more o prošlosti i tome kako iznova ostaje na ulici. Sinoć se to nije dogodilo. Spavao je mirno.

Čim je otvorio oči, sjetio se knjige.

Ma nemoguće da je zadatak razlog mom mirnom snu, pomislio je. Mora da je slučajnost. Bez obzira na njegovu skeptičnost, odlučio je nastaviti sa zadatkom.

Podigao se u sjedeći položaj i protegnuo ruke.

Naslonio se na zid iza sebe i počeo razmišljati.

Kakav divan dan, pomislio je. Nije bilo hladno. Eto, danas mogu zahvaliti na ovom suncu, istog je trenutka shvatio da ga vidi. Gledao je oko sebe shvaćajući da i to što vidi može uvrstiti kao blagoslov. Sjetio se Martina kojeg viđa po ulici i koji je slijep i sve što prolazi i on, prolazi i Martin, samo što je Martin još i slijep. Koliko mora da je njemu teže!

Onda mogu biti zahvalan i što me vid služi, nastavio je, ponosan na sebe što mu je i ta misao pala na pamet. Mogu biti zahvalan što hodam, nastavio je nabrajati sve svoje fizičke značajke u kojima nije limitiran.

Sada je već s tri stvari, na kojima je zahvalan, došao na sedam.

Zanimljivo, rekao je u sebi kada je završio.

Vrijeme je da se krene na posao, rekao je na glas, nasmijavši sam sebe. U tom je trenutku zastao. Čuo je svoj smijeh. Bože, pa ja sam se nasmijao, pomislio je. Koliko je dugo vremena prošlo od kada je čuo sebe kako se smije.

Pokupio je svoj karton, stavio deku u ruksak i krenuo prema ulici da "zaradi" novac za današnji obrok.

Nakon sat vremena prošenja, Leo je jedva uspio skupiti novaca da si kupi doručak. Ušao je u pekaru da si kupi pecivo i jogurt. Dok je čekao da dođe na red, začuje malu djevojčicu iza sebe kako govori:

"Mama, zašto je ovaj čovjek ovako prljav?"

Leo se nije okrenuo.

"Dušo, taj je čovjek beskućnik", odgovori majka tiho.

"A što to znači, mama?", nastavi djevojčica.

"To znači da nema kuću u kojoj živi."

"Kako to misliš, nema kuću?", nastavi djevojčica zbunjeno.

"Nema kuću, dušo. On živi na ulici."

"Pa gdje spava?", nastavi djevojčica s pitanjima.

"Pa svugdje, na klupi u parku, u nekoj uličici, ne znam gdje sve spava, ali nema krov nad glavom."

"Mama, pa to je užasno!", nastavi djevojčica.

"Da ljubavi, tužno je to", nastavi majka suosjećajno.

"Tko zna koju priču ovaj čovjek ima."

Leo je šutio. Nije se želio okrenuti kako ne bi shvatili da ih je čuo. Ali, lijepo je bilo ne osjetiti osudu nakon dugo vremena. Inače ga ljudi uvijek osuđuju. Izbjegavaju, pokazuju gađenje, tjeraju od sebe. Ova majka i ova djevojčica kao da su ga vidjele onakvim kakav on uistinu jeste.

Kada je došao red na njega, rekao je prodavačici što želi reći i kada je posegnuo za novcem u džep, ponovno začuje glas majke:

"Gospodine, biste li mi napravili zadovoljstvo da Vas moja kći i ja počastimo doručkom?"

Leo se sada okrenuo. Pored sebe je ugledao predivnu mladu ženu. Plave kose do ramena, predivno njegovane, predivnih usana razvučenih u širok osmijeh. Mirisala je kao najljepši cvijet.

Spustio je pogled na djevojčicu koja je bila slika i prilika svoje majke. Imala je dugu plavu kosu s predivnim uvojcima i dva leptirića u kosi koji su joj pridržavali kosu da joj ne ide na lice.

Bila je odjevena u bijeli kaputić i izgledala poput malog anđela.

Djevojčica ga je gledala velikim smeđim očima, širokog osmijeha koji je otkrivao njene male bijele zubiće.

Leo je osjetio toplinu oko srca koju dugo nije osjećao. Jedva se suzdržao da ne brizne u plač. Emocije koje su ga savladale u tom trenutku ljudske dobrote, kao da su ga, nakon dugo vremena, zaskočile.

"Hvala vam, gospođo!", jedva je uspio izgovoriti Leo.

"Beskrajno Vam hvala na Vašoj dobroti."

"Ma to je sitnica, gospodine! Najmanje što možemo napraviti ovog trenutka."

"Možete nama, molim, dati dva muffina i dva jogurta?", sada se obraćala prodavačici.

"I s tim ćemo platiti i gospodinovo."

Prodavačica je dva muffina, jedno pecivo i tri jogurta stavila u istu vrećicu koju je potom predala gospođi.

U tom je trenutku Leo spustio pogled na djevojčicu. Oči su joj sjajile. Gledala ga je s toliko nježnosti da Leo nije mogao a da joj ne uzvrati širokim osmijehom.

"Eto ga! Dođite, vani ćemo Vam dati vaše stvari."

Izašli su ispred pekare.

"Evo, mi ćemo izvaditi svoje stvari iz vrećice, pa je vi zadržite. Imam ja u torbi rezervnu vrećicu", rekla je otvarajući torbu i vadeći drugu vrećicu iz nje.

"Hvala vam još jednom, iz dubine mog srca", rekao je Leo, upućujući joj pogled pun zahvalnosti.

"Nema na čemu, gospodine. Izvolite", rekla je žena, pružajući mu vrećicu.

"A kako se Vi zovete?", upita djevojčica.

"Ja sam Leo", odgovori on.

"Ja sam Heidi", odgovori djevojčica.

„A ovo je moja mama. Ona se zove Zara."

"Drago mi je što smo se upoznali", rekao je Leo, osmjehujući se.

"Ništa, idemo mi sada, da Vas više ne zadržavamo", reče Zara.

"Hvala Vam još jednom od srca", odgovori Leo.

"Doviđenja!", viknu Heidi, pružajući majci ruku i hodajući prema pješačkom prijelazu.

Leo je ostao na mjestu i gledao za njima. Bile su mu sada okrenute leđima. Bilo ih je predivno vidjeti tako. Vidio je da djevojčica nastavlja s pitanjima. Razgovarale su čitavo vrijeme, dok su čekale da se upali zeleno svjetlo na semaforu. Leo se okrene i krene hodati natrag prema svom mjestu, na kojem je prosio.

Nakon nekoliko sekundi začuje:

"Gospodine Leo, gospodine Leo!", začuo je glas koji mu je sad već bio poznat.

Okrenuo se i vidio Zaru i Heidi kako žurno dolaze prema njemu.

"Oprostite, molim Vas, ali Heidi je sinula jedna ideja. Ona bi Vama željela kupiti novu odjeću i cipele. Kaže da ima svoju ušteđevinu i da bi bila najradosnija na svijetu da to učini za Vas. Hajdete s nama do susjedne ulice. Tu ima jedna trgovina rabljenom odjećom i obućom, pa da Vam uzmemo što Vam treba. Može?"

Heidi nije skidala pogled s Lea. Uzbuđeno je čekala odgovor

širom otvorenih očiju i širokog osmjeha, sada već dobro poznatog Leu.

"Pa to je jako lijep poklon!", odgovori Leo, ne želeći da mu osjećaj srama nadvlada radost i uzbuđenje ove predivne djevojčice. Svakako su mu potrebne nova odjeća i cipele, pa je ovo zaista bio blagoslov.

"Juuuupiiiiii! Idemo!", uzviknu Heidi, opet dajući ruku majci i njih troje krenu prema trgovini s odjećom.

Izašli su trgovine s rabljenom odjećom i obućom s tri vrećice. Zara je kupila sve što je smatrala da mu treba. Bokserice i potkošulje, dva para hlača, dva pulovera, zimsku jaknu, par cipela i novu deku.

"Sada smo i to riješili", rekla je nasmiješivši se.

"Sviđaju li Vam se stvari?", upitala je Heidi zaigrano.

"Da, Heidi. Hvala ti na darovima", rekao je Leo, ne zaboravljajući koliko je djevojčici značilo što će mu upravo ona to kupiti.

"Gospodine Leo, još samo nešto prije nego krenemo", rekla je Zara, posežući rukom u torbu i vadeći novčanik.

"Već ste previše napravile za mene", rekao je Leo, shvaćajući što želi napraviti.

"Nije previše", odgovori Zara, zapravo su sve ovo sitnice. Posegne u novčanik i pruži mu novčanicu od 50 eura.

"To je previše, gospođo Zara!"

"Ali, stvarno nije. Heidi Vam je poklonila odjeću, a ja Vam želim pokloniti ovo. Uzmite, molim Vas. Puno bi mi značilo."

Iako bi najradije odbio novac jer mu je već bilo neugodno, Leo je pružio ruku i uzeo. Znao je koliko mu 50 eura znači.

"Hvala Vam beskrajno", rekao je.

„I tebi, dušo. Vi ste dvije dva predivna bića."

Heidi se nasmiješi svojim, sad već dobro poznatim osmjehom.

"Neka Vam je sa srećom, Leo!", reče mu Zara. Do sljedeće prilike!, nasmiješi mu se nježno i uhvati Heidi za ruku.

"Idemo, Heidi, sada već ozbiljno kasnimo na tvoj sat klavira."

"Bok!", viknula mu je Heidi, poskakujući uz majku na odlasku.

Leo se osjećao predivno. Imao je novu garderobu, novu deku i dovoljno novca za nekoliko dana. Osjećao se bogato. I njega je samog ta pomisao nasmijala.

Koliko nam malo treba da se osjećamo kao da imamo puno, pomisli i krene pronaći mjesto za odmor.

Sjeo je u park na klupu na kojoj je beskućnicima bilo dopušteno zadržavati se. Beskućnici nisu smjeli sjediti svugdje po parku jer bi ih tjerali. Sjeo je i razmišljao o svemu što mu se danas dogodilo. Ovaj je dan stvarno bio čudan. Dan kakav nije odavno doživio. Osjetio je da ga netko vidi ponovno nakon dugo vremena, da nešto vrijedi. Bio je to jako dobar osjećaj.

Danas će, nakon dugo vremena, moći otići u kantinu i pojesti topli obrok. Nakon toga će pronaći mjesto da se presvuče u novu odjeću, a ovu će ostaviti negdje da je nađe netko od ljudi koji dijele njegovu sudbinu. Danas ne mora prositi. Bio je ovo dobar dan.

Kada je sunce zašlo, Leo se opet uspio smjestiti na istom mjestu, kao i jučer. Opet je došao među prvima jer nije morao prositi do dugo u noć. Namjestio je svoj karton i izvadio novu deku iz ruksaka. Bila je puno toplija od ove koju je do sada imao. Opet je ugledao knjigu u torbi.

Oh!, rekao je naglas, kao da se nečega sjetio. Ovo radi!, rekao je u sebi. Sinoć je zahvaljivao na svemu što ima i eto što mu se sve danas dogodilo. Izvadio je knjigu samo da se prisjeti rečenice koju je jučer pročitao. Znao je da ne smije čitati dalje, dok ne prođe još jedan dan.

Otvorio je ponovno prvu stranicu i pročitao:

Stavljanjem fokusa na bilo kakav oblik obilja koje živite ovog trenutka, počinjete vibrirati obiljem. Makar vam se u tom trenutku nešto i činilo sitno i nebitno. Nije! Ne uzimajte ništa zdravo za gotovo. Fokusom na makar jednu stvar koja vam u tom trenutku ide, vaš fokus će, s nemanja, prijeći na obilje. I osjetit ćete se malo bolje, barem na trenutak. Sasvim dovoljno da dođe do pomaka u vašoj vibraciji.

Hm.., promrmljao je sebi u bradu. Ovo stvarno radi. Danas se osjetio bogatije nego posljednjih dvije godine.

Legao je na kartonski krevet i krenuo nabrajati zahvalnosti današnjeg dana.

Zahvalio je za susret sa Zarom i Heidi, doručak koji su mu kupile, za to što su ga odvele u trgovinu rabljenom odjećom i obućom, kupile bokserice, potkošulje, cipele, deku, to što je pojeo topao obrok u menzi, mogućnost da je mogao ostaviti svoju staru odjeću koja će razveseliti nekog, novce koje je imao u džepu. Bio je zahvalan što je opet pronašao odlično mjesto za spavanje, knjizi koju čita, tome kako se danas osjećao i kako je proveo jedan od boljih dana.

Zahvalnosti su se samo nizale. Zahvaljivao se, dok nije tako utonuo u san.

Probudio se sljedećeg jutra, s osmijehom na licu. Istog se trenutka sjetio svog sna. Bio je to predivan san. Opet je imao kuću i sve je bilo kao prije. Iako je buđenje iz takvog sna bolno, bio je sretan zbog lijepog sna. Istog se trenutka sjetio zahvalnosti i odradio svoj zadatak. Zahvalnost mu je donosila lijep osjećaj. A kako je i vidio jučer, uzrokovala je lijepe stvari. Kada je završio, ustao se i protegnuo, spremio karton ispod ruke, stavio ruksak na leđa i krenuo prema pekari kako bi kupio doručak.

Ušao je u pekaru i prije negoli je rekao što želi pojesti, obrati mu se prodavačica.

"Gospodine, imam poruku za Vas. Gospođa koja Vam je jučer kupila hranu bila je maloprije ovdje i ostavila poruku za Vas, ako dođete."

Prodavačica mu je pružila poruku na kojoj je pisalo:

Dragi Leo!

Molim Vas da se nađete sa mnom u jedanaest u kafiću pored trgovine rabljenom odjećom i obućom.

Nadam se da se vidimo.

Pozdrav

Zara

Leo je bio iznenađen, ali ujedno i sretan.

"Oprostite, koliko je sati?", upitao je prodavačicu.

"Pola jedanaest", odgovorila mu je prodavačica.

"Hvala! Molim Vas pecivo i jogurt."

Uzeo je hranu i krenuo prema kafiću.

Stigao je ranije i naslonio se na zid preko puta. Znao je da ne smije sjesti sam jer bi ga izbacili. Beskućnicima je bio zabranjen ulaz u kafić. Tjerali su goste i kafiće tako dovodili na loš glas.

Leo je strpljivo čekao da ugleda Zaru.

Zara je stigla nakon 20 minuta, točno na vrijeme. Leo je vidio kako sjeda u vrt kafića. Bila je prelijepa. Ta je žena zračila nekom nevjerojatnom toplinom i dobrotom. Danas je bila u crvenom kaputu, s crvenom kapom na glavi. Izgledala je kao iz nekog francuskog filma. Leo prijeđe cestu i priđe joj.

"Leo, tako mi je drago da Vas opet vidim."

"Sjednite", rekla je Zara, pokazujući rukom na stolicu pored nje.

Konobar im je prišao s oprezom, vidno zbunjen scenom koju vidi.

"Gospođo, je li sve u redu? Dosađuje li Vam ovaj čovjek?"

"Ne gospodine, to je moj prijatelj", rekla je Zara.

"Došli smo popiti kavu."

"U redu. Što ćete popiti?", nastavio je konobar, ali mu se na licu i dalje vidjelo da je zbunjen slikom koju vidi.

Nakon što su naručili piće, Zara se ponovno obrati Leu.

"Kako ste, Leo? Kako ste spavali?", Zara ga upita tako, da je Leo mogao osjetiti da joj je stvarno stalo.

"Odlično! Deka koju ste mi kupili grijala me cijelu noć."

"Nisam Vam ja ništa kupila, nego Heidi", rekla je Zara, na što su se oboje počeli smijati.

"Znam da ste sigurno iznenađeni mojom porukom da se nađemo, pa ću odmah prijeći na stvar. Heidi i ja jučer nismo mogle prestati misliti na Vas. Želim Vam pomoći, ako mi to, naravno, dopustite."

Leo je ostao zatečen. Opet ga je ova divna žena ostavila bez riječi svojom dobrotom.

"Prije negoli Vam iznesem svoj prijedlog biste li mi ispričali svoju priču? Kako ste završili na ulici?"

Leo joj je ispričao svoju priču.

"Žao mi je što to čujem", rekla je Zara.

„Ja Vam želim nešto predložiti. Naime, ja živim sama s Heidi. Nama u kući nedostaje muška ruka. Moj suprug ne živi više s nama. Čak ni ne znamo gdje je jer je prekinuo sve kontakte i s Heidi. Razveli smo se prije godinu dana i meni svakako treba pomoć u vrtu i, ponekad, nekim poslovima po kući. Biste li Vi od sutra mogli doći i početi raditi za mene. Znam da to nije posao kojim ste se do sada bavili i da možete puno bolje iskoristiti Vaše znanje, ali nije ni loše za početak, zar ne? Što kažete?"

Leo je bio oduševljen. Koliko je samo dugo pokušavao naći posao. Ali, svaki put kada bi se javio na oglas, nitko ga nije htio zaposliti. Govorili su mu da je neugledan ili bi ga lagali da su već našli nekoga.

"Prihvaćam bez razmišljanja", rekao je Leo, na što su se oboje počeli smijati.

"Niste ni čuli koliko bih Vam plaćala po danu!", rekla je Zara kroz smijeh.

"Ni ne trebam. Znam da će biti koliko treba. Sigurno više od ovoga koliko zarađujem danas."

Opet su se oboje nasmijali na glas.

"Imam samo jedan uvjet", rekla je Zara, na što se Leo naglo uozbiljio, ranjen od prijašnjih iskustava.

"Da smo od ovog trenutka na ti", rekla je Zara brzo, primijetivši njegovu reakciju.

"Dogovoreno", rekao je Leo, uz izdah olakšanja.

"Nema potrebe da smo na Vi. Skoro smo isto godište, a kako vidim, uskoro ćemo se i viđati svakodnevno."

Ostali su sjediti još tridesetak minuta koje su proveli u neprekidnom razgovoru. Zara mu je pričala o sebi i svom životu. Htjela je da se bolje upoznaju da sutra, kada dođe, već ima osjećaj kao da se poznaju duže vremena.

"Moram sada dalje", rekla je Zara.

"Obveze zovu."

Izvadila je svoju posjetnicu i napisala svoju adresu na stražnju stranu.

"Vidimo se sutra u devet sati! Može?"

"Dogovoreno!", odgovorio joj je Leo, ponovno se posramivši što joj ne može pružiti ruku. Nije se osjećao ugodno pružiti svoju prljavu ruku ovako divnoj i uglađenoj ženi.

Zara je točno shvatila o čemu misli i pružila mu ruku. Leo joj je zahvalio pogledom na tome što se uz ovu predivnu ženu osjeća kao čovjek. Pružio joj je ruku, a Zara nije skidala osmijeh s lica.

"Vidimo se ujutro. Heidi će biti presretna što ste pristali."

Zara je posegnula za novčanikom da plati račun, ali Leo je zaustavi pokretom ruke.

"Dopustite meni, gospođo. Ja častim. Upravo sam dobio posao."

Oboje su opet prasnuli u smijeh. Zara se nije bunila jer je znala koliko mu to znači.

Leo je ostavio novce na stolu. Još jednom su se pozdravili i krenuli svatko svojim putem.

Leo je hodao po ulici kao u nekom transu. Najradije bi vrištao i plesao po ulici od sreće. Ipak je odlučio zadržati svoju radost u sebi. Otišao je i danas u kantinu na ručak. Dok je ulazio u kantinu, shvatio je koliko drugačiji danas ulazi tu. Ulazi sa samopouzdanjem. On ima posao! Velika je to stvar! On vidi izlaz. Sada vidi izlaz. Ušao je širokog osmijeha i u redu ugledao Martina. Došao do njega, prebacio svoju ruku preko njega i zagrlivši ga, rekao: "Martin, danas ja častim!"

Dan je proveo s drugim beskućnicima u parku. Danas nije trebao ići prositi. Kada je pala noć, nakon dugo vremena uputio se u prihvatilište u kojem se noć plaćala 10 eura. Besplatna su prihvatilišta već odavno bila popunjena. Danas si je mogao priuštiti krevet. I tuš. Ušao je u prostoriju s deset kreveta. Imao je osjećaj da je ušao u najluksuzniji hotel. Dok je čekao da se istušira, sjeo je na krevet.

Kakav dan!, pomislio je. Kakva dva dana!

Sjetio se da je sve započelo jučer.

Znao je Leo vrlo dobro tko je "krivac" za sve. Knjiga koja mu je obećala da će mu se život promijeniti. Jedva se čekao istuširati, leći i nastaviti čitati.

Legao je u krevet nekoliko minuta kasnije, osvježen od toplog tuša i mirisa šampona te odmah izvadio knjigu iz svoje torbe. Navio je malu budilicu, koju je posudio, na osam sati jer nije htio zakasniti kod Zare.

Drugi korak ka promjeni, počeo je čitati.

Dva je dana iza vas. Nije li se promjena već dogodila, kako sam vam obećao?

Itekakva, pomislio je Leo presretan.

Zahvalnost mora transformirati vaš život. To je univerzalni zakon kojeg samo ljudi ne znaju. Svakako preporučam da nastavite prakticirati zahvalnost u svom životu.

Sada prijeđimo na drugi korak, također nepoznat mnogima od nas. Korak koji ima podjednaku moć kao i zahvalnost. Sljedeća se čarolija zove vizualizacija. Vizualizacija je ono što kod djece nazivamo maštom. Djeca su još uvijek najbliža izvoru i njihov je mozak još uvijek blizak alfa stanju te u njemu najviše i borave. Zato je njima mašta još uvijek prirodna. Ona uistinu vide ono što zamišljaju. Djeca vide čarobni štapić, umjesto štapa kojeg su našli na podu, vide konja umjesto metle, za njih su lutke žive kada se igraju s

njima. Mi odrasli to više ne vidimo, pa mislimo da ne vide ni oni. Tijekom odrastanja i utjecaja odraslih, i djeca polako izlaze iz alfa stanja i njima mašta, također, postaje sve dalja. Ali, ona ostaje u nama. Samo je se trebamo prisjetiti. Mašta nam je dana kako bismo kreirali život. To je predivan dar, sposobnost koja nam je svima dana rođenjem.

Vizualizacijom postižemo emociju onoga što vizualiziramo. Brojni je ljudi svakodnevno primjenjuju. I zove se briga. Briga nije ništa drugo doli vizualizacija događaja za kojeg ne želimo da se dogodi. Zašto ga onda zamišljamo? Zašto si to radimo? Zašto u trenucima, kada se loše stvari još nisu dogodile, mi zamišljamo da će se dogoditi?

Leo je zastao s čitanjem jer je osjetio istinitost ovih riječi. Koliko je samo brinuo, kada je bio prevaren. A kada je saznao da je prevaren, plašio se da će se dogoditi točno ovo što se i dogodilo. Da će ostati na ulici, bez ičega.

Koliko je ovo točno, pomislio je.

Vrijeme je da priču okrenete u svoju korist. Od danas, umjesto da brinete i plašite sami sebe scenarijima za koje ne želite da se dogode, počnite zamišljati scenarije koje želite.

Vizualizacija je jako jednostavan proces. Nekoliko minuta

u danu jednostavno zatvorite oči i jasno vidite ostvarenje svoje želje. Proživite je. Osjetite je.

Ako, na primjer, želite novi automobil, zatvorenih očiju vidite kako je parkiran ispred kuće, ulazite u njega, hvatate za ručku, sjedate u njega. Vidite kako izgleda unutra, kakav je miris, kako ga palite. Čujte zvuk motora i osjećajte se onako kako biste se zaista osjećali da ga vozite. Ako želite manifestirati kuću svojih snova, kako izgleda vaša kuća izvana? Koliko ima katova, koje je boje fasada, kako izgleda ulaz, kakav je interijer, kuhinja, dnevni boravak, vaša spavaća soba itd.? Vjerujem da ste razumjeli. Što više detalja budete mogli jasno vidjeti, to će vaša emocija kao da tome zaista svjedočite postati jačom i stabilnijom. A podsjetimo se, vaša je emocija vaša vibracija. Vi ćete u tim trenucima slati poruku svemiru da je to ono tko vi jeste i da tako već živite. I kao što već rekoh, dobit ćete odraz sebe. Tada to mora doći u vaš život. Mora! Mi cijelo vrijeme i dobivamo odraz sebe. Sada je vrijeme da svjesno upravljate svojom vibracijom kako biste dobili ono što želite.

Vaš je sljedeći zadatak raditi vizualizaciju sljedeća dva dana. U svoj dan ukomponirajte zahvalnost ujutro i navečer, a kad god želite, tijekom dana, odradite i vizualizaciju. Koliko god vam to puta odgovara.

I ovu vježbu radite dva dana pa nakon toga nastavite s čitanjem. Možda se vaša konkretna želja neće ostvariti baš u roku od dva dana, ali ćete svakako imati dokaze da idete u tom smjeru. Ne zaboravite ih primijetiti. Upravo su to potvrde da ste na putu ka ostvarenju krajnje želje. Primjećujte to sve, nove ljude u vašem životu, nove događaje, ideje koje će vam doći. Sve su to znakovi da ste krenuli ka ostvarenju svoje želje i da je ona krenula ka vama.

Predlažem da budete uzbuđeni. Čarolija se nastavlja.

Leo je odložio knjigu na ormarić pored sebe te razmišljao o ovome što je pročitao.

Sada je već vjerovao u sve što čita. Samo se sjetio sebe prije dva dana i danas. Da mu je netko rekao što će mu se sve dogoditi u dva dana, proglasio bi ga ludim. U tom je trenutku opet osjetio je zahvalnost prema onom čovjeku koji mu je dao knjigu. I u tom trenutku krene nabrajati svoje današnje zahvalnosti.

Dok ih je izgovarao, nije mogao vjerovati koliko ih je. Bilo ih je sada više od dvadeset. Najsretniji je bio kada je zahvalio na poslu. Dok je to izgovarao, preplavile su ga emocije. On ima posao! Nakon dugo vremena opet ima posao! I ponovno ga na te riječi preplavi zahvalnost. Točno je mogao osjetiti njenu moć, moć zahvalnosti. Jedan od najljepših osjećaja koje je ikada osjetio. Nikada prije u životu nije svjesno bio zahvalan. Bio je zadovoljan svojim životom, ali ne može se to nazvati zahvalnošću. Nikada nije ovako svjesno stao i osvještavao blagoslove koje živi. A imao ih je i prije. Samo ih nije vidio.

A sada, idem probati tu vizualizaciju, rekao je u sebi, udobnije se namjestio i zatvorio oči.

Vidio je sebe u odijelu. Okupan, obrijan i uredan. Vidio je sebe kao poslovnog čovjeka koji zrači samopouzdanjem i srećom. Vidio je kako se gleda u ogledalo svoje spavaće sobe u kući koju opet ima. Vidio je svoju novu kuću. Osjetio je kako mu temperatura tijela raste, dok radi ovu vježbu. Osjetio je kako mu toplina prožima cijelo tijelo. Osjetio je! Točno je mogao osjetiti sada, u ovom trenutku, kakav bi to osjećaj bio. Osjetio je suze kako mu klize niz obraz. Bile su to lijepe suze. Suze zahvalnosti i nade da će jednom ponovno to živjeti. Ni sam Leo ne zna koliko je dugo radio ovu vježbu jer je, radeći je, i zaspao.

Ujutro je, u devet sati, došao na adresu koju mu je Zara napisala. Došao je autobusom, u kojem je usput odradio svoje jutarnje zahvalnosti.

Predivna kuća, pomislio je dok se približavao ulaznim vratima. Pozvonio je.

Zara mu je otvorila vrata.

"Dobro jutro, Leo!", rekla je s osmijehom.

"Dobro jutro Zara, javljam se na dužnost", rekao je Leo, na što su oboje opet prasnuli u smijeh. Imali su sličan smisao za humor i ludo bi ih zabavljalo, kada bi se u isto vrijeme na glas nasmijali.

"Uđi", rekla je Zara.

"Imam nekoliko minuta, a onda moram krenuti."

Prošli su kroz kuću prema vrtu, koji se nalazio sa stražnje strane kuće.

"Jako lijepu kuću imaš", rekao je Leo gledajući oko sebe.

"Hvala ti. I ja je jako volim. A sada, kada i vrt bude održavan, bit će još ljepša. Ovo je moj vrt, kao što vidiš. Velik je i stvarno ima posla oko njega. Najbolje je da danas kreneš s micanjem suhog lišća i grana. Samo čišćenje toga zahtijeva tri dana. Naravno, možeš naknadno održavati bazen. Sve se dogovaramo u hodu. Tamo je gostinjska kuća, u kojoj se možeš presvući i osvježiti. Pripremila sam ti i radnu odjeću. I još nekoliko iznenađenja, namigne mu Zara. Alat i kosilica nalaze se u onoj maloj kućici, rekla je Zara pokazujući na nju. Ja sada moram ići, imam neke poslovne, a kasnije i roditeljski sastanak u školi. Raskomoti se i opusti, kao da si kod svoje kuće. Kada se umoriš, slobodno se odmori, koliko god trebaš. Imaš li kakvih pitanja, prije nego odem?"

"Ne! Sve jasno! Samo ti obavi što imaš, a ja krećem na posao."

"Može! Dolazim do mraka", rekla je, mahnuvši mu.

Leo je ušao u gostinjsku kuću. Odložio je svoj ruksak na pod.

Na stolu je ugledao obilan doručak. Jaja, voće, zobene pahuljice, mlijeko, kruh, šunku i sir, sok od naranče, sok od jabuke, mlijeko...

Nema čega nije bilo. Kada se približio stolu, ugledao je poruku:

Dragi Leo, posluži se hranom koliko god želiš.

Znamo da je za rad potrebna energija, stoga se ne ustručavaj.

Leu se licem razvuče osmijeh.

Na kauču te čeka radna odjeća. Čizme za vrt su ispred vrata. U kupaonici imaš sve potrebno za tuširanje i ostavila sam ti brijaći aparat, ako se želiš obrijati.

Leo je nesvjesno vrtio glavom lijevo desno u nevjerici.

Obrijati! Ako želim!? – Nije se obrijao skoro dva mjeseca. Nije imao gdje.

Svi su ručnici čisti pa si uzmi koji god želiš. Na krevetu u spavaćoj sobi te čeka nova odjeća (ovog puta poklon od mene, ha ha) pa da imaš čistu odjeću nakon tuširanja.

Osjećaj se kao kod svoje kuće.

Vidimo se kasnije

Zara

Leo je počeo plakati. Naslonio se laktovima na stol u kuhinji, zario glavu u dlanove i ridao. Kao da mu tijelo više nije moglo podnijeti toliku dobrotu ove žene.

Možda i to da se opet osjeća kao čovjek. Osjećao se

normalnim. Ima doručak ispred sebe, kupaonicu, novu odjeću, aparat za brijanje, posao. Sve ima!

Kada se malo smirio, sjeo je doručkovati. Ne sjeća se kada je ovako dobro jeo. Mogao je birati. Koliko dugo nije imao ovakvo obilje ispred sebe!

Kada je doručkovao, obukao je radnu odjeću i čizme za vrt i otišao po alat.

Radio je do jedan popodne, bez prestanka. Napravio je pauzu u kojoj je ušao u kuću i opet nešto pojeo. Sjeo je na stolicu u kuhinji i na njoj se malo odmorio. Nije htio zaprljati kauč. Odradio je svoju vizualizaciju. Danas je u vježbi zamišljao kako ima svoju kuću poput ove. Kako se budi u svom krevetu i odlazi u kupaonicu na jutarnje tuširanje. Kako se brije, pere zube i kremom maže lice. Kako oblači kućni ogrtač i odlazi u kuhinju na doručak. Zamišljao je dan u kojem uživa u vrtu svoje kuće i odmara pored bazena.

Prijalo mu je to vidjeti. Osjetio se opušteno i sretno. Vježbu je radio dvadesetak minuta. Točno je razumio o čemu u knjizi piše. Osjećao je emocije. Osjećao se fantastično, dok je radio vizualizaciju. Kao da to zaista proživljava. Kada je završio s vizualizacijom, otišao je opet raditi u vrt. Htio je napraviti što više da iznenadi Zaru, ali i da joj pokaže da je donijela dobru odluku što ga je uzela da radi za nju.

Do pet je sati uspio pokupiti i pograbljati svo lišće u vrtu. U jednom je danu napravio trodnevni posao. Nije mu bilo teško. Dapače, uživao je u tome. Predugo vremena nije znao što bi sa sobom. Leo je volio raditi i nikada se nije plašio rada.

Sada je ipak morao završiti jer je počeo padati mrak. A i Zara će uskoro doći.

Izuo je čizme ispred vrata i krenuo u kupaonicu.

Ušao je u tuš kabinu, ne želeći propustiti trenutak u kojem se nalazi. Ne mora žuriti. Nitko mu neće lupati na vrata da ima i drugih koji čekaju. Na polici je ugledao nekoliko kupki. Mogao je birati koju god želi. Pustio je vruću vodu, naslonio ruke na zid, pustio vodu da mu teče po tjemenu i glavi te zatvorio oči.

Kada se okupao, izašao je i ogrnuo se najmekanijim ručnikom kojeg je ikada osjetio. Upijao je svaki trenutak ovog obilja kojeg je itekako bio svjestan.

I ti ideš na moj popis zahvalnosti, rekao je gledajući u ručnik, nasmijavši se sam sebi koliko je ovo blesavo zvučalo.

Stao je iznad umivaonika i krenuo se brijati...

Zara i Heidi su stigle kući. Zara je vidjela svjetlo u gostinjskoj te je znala da je Leo još uvijek tu. Nije mogla vjerovati da se nalazi u svom vrtu, kada ga je vidjela. Svo granje i lišće bilo je očišćeno. Leo je sve to obavio u jednom danu.

Svaka čast!, pomislila je zadovoljna, znajući da će se i Leo odlično osjećati zbog toga. Ušla je u kuću i odmah otišla presvući se.

Nakon dvadesetak minuta, Heidi i ona sjedile su za stolom i jele večeru koju je usput kupila.

U tom trenutku, Leo pokuca na staklena vrata koja su vodila u vrt.

Zara podigne glavu i ostane bez teksta. Nije se niti trudila sakriti svoje iznenađenje, kada ga je ugledala. Izgledao je posve drugačije. Počešljane kose i obrijane brade. Tek je sada mogla vidjeti koliko je on bio zgodan muškarac. Nije mogla maknuti pogled s njega. Bio je odjeven u modre hlače i bijelu košulju koje mu je ostavila na krevetu, te je imao nove cipele. Leo je vidio koliko je zatečena, pa je u šali rekao: „To sam ja, Leo!".

Oboje opet prasnu u smijeh.

"Leooooo!", uzviknu Heidi, kada ga je vidjela. Kako si samo

sladak, rekla je djevojčica potrčavši mu u zagrljaj.

Zara se malo sabrala, ali je i dalje bila vidno šokirana što se skrivalo iza dugog razdoblja boravka na ulici.

"Dođi, pridruži nam se za večerom."

Leo je privukao stolicu i sjeo. Zara se ustala i donijela mu tanjur.

"Posluži se s čim god želiš."

Uživali su u večeri. Heidi je otišla na spavanje, a njih su dvoje prešli u dnevni boravak i otvorili bocu crnog vina.

"Koliko je sati?", upitao je Leo nakon sigurno više od tri sata koje su proveli zajedno.

"Deset i deset", rekla je Zara, gledajući na ručni sat.

"Morao bih lagano krenuti."

"A što kažeš da ostaneš u gostinjskoj kući?", predloži mu Zara.

"Sutra ujutro se svakako opet vraćaš. Nema smisla da sad ideš na autobus, prespavaš i opet ujutro dolaziš. Ionako je udobnije u kući, zar ne?"

Leo je opet ostao bez riječi.

"Zara", rekao je nakon nekoliko sekundi tišine.

„Ja nemam riječi za tvoju dobrotu prema meni. Ne znam je li mi više neugodno što si sve napravila za mene u ova tri dana ili sam sretniji zbog svega što mi se događa. Ne znam kako da ti se odužim!"

"Leo, nema razloga da ti bude neugodno. To što se tebi dogodilo može se dogoditi svakome od nas. Nije tvoja krivnja. Ja vidim tko si ti. Od prvog trenutka. Tvoje su te oči izdale. One su mi rekle tko si, čim sam te prvi put ugledala u onoj pekari. Ja stvarno ne radim ništa posebno. Samo ono što bih, da se meni dogodi isto kao tebi, voljela da netko napravi za mene. Kuća zjapi prazna. U njoj nikog nema. Svakako je plan da si svaki dan ovdje. Nije li onda logično da se jednostavno useliš u nju?"

"Znaš li da ću ti se jednom odužiti za sve? Jednom ću ti vratiti svu ovu dobrotu koju primam od tebe."

"Već ja dobivam dovoljno od tebe, Leo. A najviše dobivamo već samim davanjem. I stvarno ne radim ništa spektakularno."

"U redu. Neću odbiti ovu ponudu. Hvala ti još jednom, Zara."

"Za budućnost", rekla je Zara, podigavši čašu kako bi

nazdravili.

"Za budućnost", ponovio je i Leo i, gledajući je u oči, kucnuo svojom o njenu čašu.

Sjedili su i pričali još neko vrijeme. Zara je bila potpuno očarana njime u ovom novom izdanju. I dalje je to bio onaj isti Leo, ali cijelu večer nije mogla doći sebi koliko je večeras bio elegantan i zgodan. Kada su se pozdravili za laku noć, Zara ga je promatrala, dok je išao prema gostinjskoj kući kroz vrt. Na njemu više nije bilo ni traga onom muškarcu kojeg je vidjela u pekari prije tri dana. I bila je presretna zbog toga. Znala je koliko to znači Leu i koliko će i sam sada dobiti još veću nadu da je to vrijeme iza njega.

Ugasila je svijeće koje su skoro dogorjele i otišla na spavanje.

Leo je ušao u gostinjsku kuću i podigao svoj ruksak s poda kuhinje. Tamo ga je ostavio kada je došao jutros. Gledao je u taj ruksak, ne vjerujući koliko mu je sada izgledao kao neka davna prošlost. Nasmijao se u sebi, shvativši da je unutra deka koja mu više neće trebati. U tom se trenutku sjetio knjige.

Bože!, rekao je u sebi.

Pa ja sam danas vizualizirao da imam kuću poput ove! Ma

ovo nije moguće! Danas popodne sam to zamišljao, a već navečer živim u njoj!

Dobro, kuća nije moja, ali...

Otvori ruksak i uzme knjigu, želeći provjeriti sjeća li se dobro jednog dijela.

Možda se vaša konkretna želja neće ostvariti baš u roku od dva dana, ali ćete svakako imati dokaze da idete u tom smjeru. Ne zaboravite ih primijetiti.

Pročitao je ovaj dio naglas.

"Da, to je to! Nisam zaboravio primijetiti", izgovorio je naglas, ponosan na sebe.

Ostao je sjediti nekoliko minuta u tišini, razmišljajući o svemu ovome.

Je li moguće da život zaista tako funkcionira? Da ono što zamišljamo zaista možemo i kreirati u svom životu? Zašto ovo ne znaju svi?!, pitao se.

Nema veze, važno da sam ja saznao, izgovorio je na glas i počeo se sam sa sobom smijati ovoj rečenici.

Najradije bi nastavio čitati knjigu, ali znao je da ne smije još jedan dan. Ostavio je knjigu na kuhinjskom stolu i krenuo na spavanje.

Legao je s osmijehom na licu, ne želeći propustiti trenutak u kojem liježe u krevet u ovoj kući. U kući ove divne žene koja je tako neočekivano ušla u njegov život.

Krenuo je sa zahvalama. Sada su njegove zahvalnosti trajale sve duže i duže. Osjećao se fantastično dok je to radio.

Kada je završio, ugasio je svjetlo, zatvorio oči i počeo vježbu vizualizaciju.

Danas je vizualizirao da ima svoj posao. Da je sam svoj šef. Da ima puno radnika kojima on daje plaće i zbog toga se osjetio predivno. Zbog pomisli da je zaposlio velik broj ljudi i pomogao im.

Odradio je vježbu dvadesetak minuta i potom zaspao, i dalje s osmijehom na licu.

Leo se probudio u osam. Čim je otvorio oči, odradio je svoje vježbe iz knjige i uzeo je u ruke. Danas je može nastaviti čitati. Nije mogao dočekati. Sada je već vjerovao da se u ovoj knjizi kriju velike životne istine.

Dobrodošli na treći korak, krenuo je čitati.

Vjerujem da ste se do sada, pa barem i najmanjim čudom, uvjerili da sve ovo što čitate funkcionira. Sada je vrijeme da vas naučim afirmacijama.

Afirmacije u prijevodu znače izjave. I opet ćete vidjeti kako vi zapravo afirmirate cijelo vrijeme, samo što mnogi od nas afirmiraju ono što ne žele. Od danas ćete početi svjesno afirmirati rečenice koje želite živjeti. Kako smo mi u stanju kreirati svoje živote, afirmacije koje izgovaramo služe da izjavimo unaprijed ono što želimo da nam se događa u životu!

Možete započeti sa samo jednom rečenicom koju ćete danas izgovoriti nekoliko puta! Uvjereni da će biti tako! Afirmacije su najsnažnije, ako ih izgovarate u sadašnjem vremenu. Dakle, ne kao da će se nešto tek dogoditi, nego kao da se to već dogodilo. Dat ću vam nekoliko primjera:

Osjećam se odlično!

Danas ću svjedočiti financijskom obilju!

U mom se životu ostvaruje sve što želim!

Danas je poseban dan!

Svaka stanica mog tijela zrači zdravljem!

Ja sam magnet za novac!

Vjerujem da ste shvatili. Možete naći rečenicu koju god želite, a da opisuje ono što želite da se dogodi.

Neka ta rečenica postane vaša mantra. Od danas knjigu možete čitati dalje, kada god to poželite. Sada već imate tri zadatka koja trebate raditi svakodnevno, pa je to sasvim dovoljno da u danu postignete vibraciju koja će donositi sve više lijepih stvari u vaš život.

Kada god osjetite da ste spremni, vaše afirmacije mogu prerasti iz jedne rečenice u nekoliko. To ovisi o vama. Samo znajte da više vrijedi jedna koju ćete zaista izgovarati nego njih pet, a da ih zaboravljate.

Leo je pogledao na sat. Bilo je osam i četrdeset. Trebao se polako oblačiti da u devet bude spreman započeti posao u vrtu. Odložio je knjigu pored sebe i rekao naglas:

Danas ću svjedočiti izvrsnoj vijesti! Danas ću svjedočiti izvrsnoj vijesti!

Bio je zadovoljan rečenicom koju je smislio.

Danas ću svjedočiti izvrsnoj vijesti! Danas ću svjedočiti izvrsnoj vijesti!

Ovu je afirmaciju ponovio nekoliko puta.

Kimnuo je zadovoljno i osmijeh mu se razvukao licem. Ustao se, krenuo u kupaonicu da opere zube, umije se i pripremi za posao.

Točno u devet sati, pokucao je Zari na staklena vrata blagovaonice. Zara je sjedila za stolom i pila jutarnju kavu. Izgledala je zamišljeno i zabrinuto.

"Dobro jutro Zara, da li je sve u redu?"

"Dobro jutro Leo! Ma da, sve je u redu, samo mi je Heidi malo prehlađena pa je nisam vodila u školu, a dadilja ne može doći jer je danas otputovala u posjet majci. Nije bilo u planu da danas čuva Heidi pa je otišla. A ja sam danas trebala imati dva sastanka."

"Ja sam tu. Idi slobodno", rekao je Leo s osmijehom.

"Ma ne želim da se osjećaš kao da moraš."

"Zara, ne osjećam to ni najmanje. Želim to napraviti, a tu sam. Ja ću raditi u vrtu, ona će biti ovdje dolje, na kauču. Sve će biti u redu. Ona će mene s kauča moći vidjeti u vrtu, a i ja ću moći vidjeti nju. Ne brini! Svakih ću nekoliko minuta ući u kuću da vidim je li joj nešto treba. Samo mi reci, ako nešto posebno treba napraviti i smatraj to riješenim."

"Jao, pa to je divno! Hvala ti, Leo. Odraditi ću jedan sastanak i trebala sam se vidjeti s prijateljem Williamom, ali njega ću pozvati da dođe do mene kasnije."

Zara se ustala, prišla Leu i poljubila ga u obraz.

"Hvala ti beskrajno. Idem reći Heidi da se spusti. Računaj da se vraćam kroz dva, tri sata."

Zara je krenula na kat po Heidi, a Leo se nije pomaknuo s mjesta. Ostao je potpuno paraliziran, kada ga je Zara poljubila. Cijelim mu je tijelom prostrujala neka predivna energija, kakvu nije odavno osjetio.

Je li moguće da se zaljubljuje u ovu predivnu ženu?

Zatresao je glavom, kao da je htio odagnati te misli od sebe i krenuo u vrt.

Leo i Heidi proveli su predivan dan. Heidi je sjedila na kauču i gledala televizor. Leo je radio u vrtu, svako malo ulazio u kuću i zapitkivao je treba li joj nešto.

Kada je Leo završio s radom, otišao je u gostinjsku kuću kako bi se istuširao i presvukao i vratio se kod Heidi, te sjeo na kauč, pored nje.

Ona je taman izvadila svoje školske knjige jer je, bez obzira što nije išla u školu, morala odraditi domaću zadaću koju je danas trebala predati.

"Leo, možeš li mi pomoći s razlomcima?" Ne volim ih baš.

"Naravno! Tu sam stručnjak", odgovori Leo, namignuvši joj.

Dok su zajedno rješavali matematiku, Leo nije ni primijetio da je Zara ušla u kuću.

Bili su joj okrenuti leđima. Zara se nasloni na vrata dnevnog boravka, promatrajući ih.

Kakva lijepa slika, pomisli.

Istog trenutka osjeti čežnju za muškarcem u kući. Ne samo zbog sebe, nego i zbog Heidi. Heidi, na žalost, nije imala mušku figuru pored sebe od tatinog odlaska. A ni Zara. Čeznula je i ona za partnerom. Za nekim s kim će dijeliti život, koga će voljeti i tko će voljeti i nju i Heidi.

Trgne je zvuk zvona na vratima. Leo se naglo okrene i vidi je na vratima.

Shvatio je da je stajala tu i promatrala ih. Samo joj se nježno nasmiješio, bez da je išta rekao. I Zara se nasmiješila njemu. Gledali su se u oči duže nego inače.

Ponovno se začuje zvono. Zara krene prema ulaznim vratima.

Stigao je William.

"Dobra večer, ljepotice!", reče William, kada mu je Zara otvorila.

Zara ga zagrli već na vratima.

"Uđi. Hvala ti što si došao."

"Sve za tebe!", rekao je William, ulazeći u kuću i pružajući joj bocu vina koju je donio sa sobom.

Leo se ustao da ga pozdravi i da se upozna s njim.

"William, ovo je Leo."

"Drago mi je, Leo!", rekao je William širokog osmjeha, pružajući mu ruku. Čuo sam samo najbolje o tebi.

"I meni je zadovoljstvo", rekao je Leo istog trenutka, osjećajući od njega prijateljsku energiju.

"Heidi, dušo, budi tako dobra pa nastavi s domaćom zadaćom u sobi."

"Može mama!", uskliknu Heidi, kupeći svoje knjige sa stola.

Zara je otišla u kuhinju otvoriti bocu vina koju je upravo dobila.

"Došao sam ti nešto predložiti", rekao je William Leu, dok su sjedali na kauč.

"Htio sam prvo svoju ideju reći Zari, ali kada sam već ovdje, mogu odmah i tebi."

"Da?", rekao je Leo iznenađeno.

"Da! Zara mi je ispričala tvoju priču. I mislim da ti i ja mogu pomoći."

U tom im se trenutku pridruži i Zara, stavljajući čaše ispred njih i točeći vino u njih.

"Leo, ovo je moj najbolji prijatelj na cijelom svijetu. Vjerujem da ćeš uskoro i sam otkriti kolika je ovo duša od čovjeka."

Leo se osjećao lijepo. Nakon dugo vremena osjetio se okružen prijateljima i ljudima kojima je stalo do njega.

"Hajde da odmah prijeđemo na stvar, pa se nadam da ćemo uskoro imati čemu nazdraviti", reče William.

"Ja vodim jednu malu logističku tvrtku. Naša je specijalnost dostava paketa i pošiljki. Posao raste nevjerojatnom brzinom iz dana u dan. I ako ovako nastavi, ja ću trebati još dostavljača. Kada mi je Zara rekla za tebe i ispričala tvoju priču, sinula mi je ideja da ti ponudim posao. Što kažeš?"

Leo je bio oduševljen. Još jedan posao! Prije negoli je uspio išta odgovoriti Williamu, Zara se ubaci.

"Uskoro kod mene nećeš trebati raditi ovoliko sati u vrtu. Sat, dva dnevno će biti dovoljno za održavanje, pa možeš raditi i druge poslove."

"A što da vam kažem, ljudi dragi?!", rekao je Leo, pogledavajući u Williama, pa u Zaru.

"Naravno da ću prihvatiti! Objeručke! Samo, smijem li nešto predložiti? Nešto je meni sad sinulo", rekao je Leo jer se istog trenutka sjetio svih onih ljudi koji večer provode na otvorenome.

"Što kažeš da svaki sljedeći dostavljač kojeg budeš zapošljavao bude osoba s ulice. Da zapošljavaš ljude koje je zadesila sudbina poput moje? Ja mogu preuzeti na sebe taj posao, ako se slažeš s time?"

Zara je pljesnula rukama.

"Leo, pa to je fantastična ideja!"

"Sviđa mi se", javio se i William.

"Složi logistiku i sve kako misliš da se to može razviti i imamo dogovor", rekao je William, pružajući mu ruku.

U tom trenutku Leo osjeti nevjerojatnu radost. Dok mu je

pružao ruku, sjetio se prvog susreta sa Zarom i kako joj je htio pružiti ruku kada su se upoznavali, ali se sramio jer je bio prljav.

Sada mu je ponosno pružio ruku, jako je stisnuo i rekao: "Dogovoreno!"

Zara podigne čašu, nazdravljajući ovoj sretnoj vijesti.

Leu je ovaj trenutak izgledao nestvarno, a istovremeno ga je bio potpuno svjestan. U tom se trenutku sjeti da je jutros njegova afirmacija bila da će svjedočiti izvrsnoj vijesti!

Ovo stvarno funkcionira, pomisli opet u sebi i počne se smijati na sav glas.

"Vrijeme je da vam ispričam o jednoj čarobnoj knjizi", rekao im je i uzbuđeno krenuo pričati svoju nevjerojatnu priču.

Sljedeći su mjeseci za Lea bili kao iz najljepše bajke.

Već je u prvih nekoliko tjedana osmislio kako da logistički uvede beskućnike u posao. William je uložio u tu ideju te iznajmio veliko skladište u kojem su napravili urede, gdje je beskućnike čekala nova odjeća i sve za posao. Plaćali su im šišanja, brijanja i sve potrebno da budu spremni za rad, ali i to da se opet osjećaju poput ljudi. Kako je posao rastao, sve je više beskućnika u gradu dobivalo posao. Uskoro se za ovaj humani pothvat pročulo po cijelom gradu i svi su htjeli biti dijelom toga. Građani su počeli koristiti njihovu dostavu jer su znali da time i oni pomažu zapošljavanju beskućnika. Leov se poslovni model počeo širiti i na druge gradove.

Zaštitio je ideju kao svoje intelektualno vlasništvo i uskoro je počeo prodavati svoju franšizu po drugim gradovima. Leo i Zara su si u međuvremenu priznali osjećaje i živjeli predivnu ljubav.

Kupili su i kuću. Točno onakvu kakvu je Leo vizualizirao prije pola godine. Knjigu je odavno pročitao. Promijenila mu je život iz korijena. Nije prolazio dan, a da nije primjenjivao metode iz knjige. Osjećao se kao da je otkrio najveću tajnu života. Svima je preporučao da pročitaju tu knjigu. Nije htio tu tajnu zadržati za sebe. Knjigu je uvijek nosio u pretincu svog novog automobila. Koliko mu je životnih tajni ta knjiga otkrila. Nije dozvoljavao da prođe dan, a da ne odradi zahvalnost, vizualizaciju, afirmacije. Svakodnevna meditacija, koju je također naučio iz knjige, od njega je napravila smirenog i svjesnog čovjeka, kakav nikada prije nije bio. Živio je životom iz svojih snova.

Jutros, dok je sjedio u uredu, zazvonio mu je mobitel.

"Gospodin Leonard Turner?", začuo je nepoznat glas s druge strane.

"Da, ja sam. Izvolite", rekao je.

"Terry Windsor pri telefonu. Ja sam danas u Vašem gradu poslovno. Zainteresiran sam da kupim Vašu franšizu i da je proširim na cijeli svijet. Radite jako plemenitu stvar i htio bih biti dijelom toga. Rijetko tko osmisli ovakav logistički projekt koji je financijski jako isplativ, a da služi apsolutno svim ljudima, a ne samo poslovnim subjektima. Želim ovo proširiti na cijeli svijet. Jeste li slobodni da se nađemo u mom uredu za sat vremena?"

"Vrlo rado, gospodine Windsor", odgovorio je Leo, suzdržavajući se da ne počne skakati od sreće.

"Šaljem Vam adresu u SMS poruci za minutu."

"Može! Vidimo se uskoro!", rekao je Leo, uzeo sako sa stolice i krenuo prema izlazu.

Leo je na dogovorenu lokaciju stigao za četrdeset pet minuta. Ušao je u zgradu i pokucao na vrata ureda.

"Uđite, Leo!", začuo je glas iznutra.

Leo je otvorio vrata i, kada je ugledao gospodina Windsora, potpuno je zanijemio.

Bože! Je li ovo moguće?! Ovo se stvarno događa?!

Ovo lice nikada nije zaboravio! Pred njim je stajao čovjek koji mu je onog dana na raskrižju dao knjigu!

Ovaj je trenutak bio previše za Lea. Noge su ga potpuno izdale i pao je na koljena. Plakao je kao malo dijete. Plakao je od čuda ovog trenutka, ljepote života i svega što mu se događalo. Ovim suzama kao je isprao sve teške trenutke koje je prošao, a istovremeno je osjećao kao da mu srce raste od ljubavi prema životu.

Terry mu je prišao, potpuno zbunjen ne shvaćajući što se događa.

"Gospodine Leonard, je li sve u redu? Što je bilo?", upitao ga je Terry, hvatajući ga za nadlakticu.

Leo se malo sabere, podigne se i, gledajući ga suznih očiju, reče:

"Vi ste mi promijenili život! Prije nekoliko mjeseci na raskrižju na kojem sam prosio, umjesto novaca dali ste mi knjigu. Bio sam beskućnik koji nije imao centa u džepu. I Vaša odluka da mi umjesto novca date znanje danas je mene dovela u ovaj ured i ovaj trenutak!”

Terryevo se lice ozarilo. Sjetio se tog trenutka, a i Lea. Nije bilo šanse da ga prepozna kada pred njim sada stoji potpuno drugi čovjek!

Leo ustane i snažno ga zagrli, nastavljajući plakati od sreće. Terry mu odgovori još jačim zagrljajem.

“Hvala Vam, Terry! Hvala Vam na toj Vašoj odluci. Dok sam živ osjećat ću zahvalnost prema Vama i onome što ste napravili za mene tog trenutka.”

Leo i Terry su još dugo ostali u zagrljaju.

Kada je Leo, nakon dva sata koje je proveo s Terryem, ušao u svoj automobil, imao je osjećaj da ne dotiče tlo. Tresao je glavom u nevjerici zbog onoga čemu je upravo svjedočio. S čovjekom koji mu je dotakao život na najnevjerojatniji način upravo je potpisao ugovor da njegovu franšizu prošire na cijeli svijet. Koliko će samo ljudi bez krova nad glavom pronaći svoju budućnost i životi će im se ponovno vratiti u normalu. Znao je da ne može pomoći baš svakom beskućniku na ovom svijetu, ali je osjećao zahvalnost za sve one kojima može pomoći.

Vozio je prema kući, ne skidajući osmjeh s lica, jedva čekajući ispričati Zari što se upravo dogodilo.

Odjednom se trgne, shvaćajući da upravo vozi ulicom u kojoj mu je Terry dao knjigu. Stao je na crveno svjetlo, prisjećajući se tog trenutka, kad netko odjednom zakuca na suvozačev prozor.

Leo se okrene i kroz prozor ugleda tužnog i neurednog čovjeka.

Dok je Leo spuštao prozor, začuje:

"Gospodine, imate li nešto novaca za mene? Molim Vas, živim na ulici i nemam ništa za jesti."

Leo ga pogleda u oči i toplina mu prostruji cijelim tijelom.

Nagnuo se, otvorio pretinac i izvukao knjigu.

Pruživši je čovjeku, reče:

"Prijatelju, dat ću ti nešto mnogo vrijednije od onoga po što si došao. Vjeruj mi, ovog trenutka nisi svjestan koliko ti blago dajem. Veće od bilo čega što misliš da bih ti sada mogao dati. Molim te, nemoj potratiti ovaj dar! I da, naslov je malo pogrešan. Život će ti se promijeniti već od sutra...."

Daniel

Daniel je sjedio na podu kupaonice, gledajući u šaku punu tableta za spavanje. Nije vidio tablete, već izlaz. Izlaz iz boli koja ga već predugo tišti. Samo je želio zaustaviti tu bol. Sve je pokušao, ali bezuspješno. Toliko se trudio da ne bude ono što je i da bude drugačiji, ali ništa nije uspijevalo. Odavno nešto nije u redu s njim. Već petnaest godina pokušava biti drugačiji, biti netko drugi, ali bol postaje neizdrživa. Sada je već znao da nema izlaza. Godinama se nije nasmijao niti je osjetio radost. Što će mu onda ovaj život? Koja mu je svrha? Zato će danas sve to završiti i spasiti se. Bol će prestati i osjetit će slobodu. Slobodu ka kojoj tako žarko teži.

Ustao je, natočio vodu u čašu i posljednji se put pogledao u ogledalo.

Nije volio svoj odraz. Odraz tinejdžera koji nije poput svih ostalih, normalnih tinejdžera. Bio je to odraz tinejdžera s kojim nešto nije u redu. Tako je sebe vidio. I ne želi se više gledati. "Nikad više!", rekao je naglas i ponovno sjeo na pod. Sjetio se majke i oca koji će ga uskoro pronaći mrtvog na podu kupaonice. Nije osjećao tugu. I njima će laknuti, pomislio je. Bolje da me nema, nego da me imaju ovakvog. Da ih bude sramota mene. Radim im uslugu. Ovo je moj poklon njima.

Sjedio je još nekoliko minuta u tišini, prebirući svoje misli koje su ga dodatno hrabrile u njegovoj odluci.

"Zbogom, svijete!", rekao je naglas.

„Niti sam u tebi uživao niti planiram više ostati!"

Stavio je prvu tabletu u usta i otpio gutljaj vode. Ponavljao je to, dok nije popio sve tablete. Kada je završio, samo se naslonio na ormarić u kupaonici ispod umivaonika, zatvorio oči i čekao svoju slobodu koju je tako žarko priželjkivao.

⚜

"Daniel, kući sam!", uzviknula je Danielova majka Linda, otvarajući vrata stana.

Ušla je u stan, izuvajući cipele na ulazu i odlažući torbu na ormarić u hodniku.

"Daniel!", pozvala ga je ponovno, želeći da joj pomogne odnijeti vrećice do kuhinjskog stola.

Daniel se nije odazivao.

Odložila je sve vrećice na pod, objesila kaput na vješalicu pored ulaznih vrata i krenula prema Danielovoj sobi.

Još sam mu rekla da će mi trebati pomoći kada dođem kući, a on me ignorira, pomisli ljutito.

Otvorila je vrata sobe. Daniela nije bilo.

Znala je da je u kući jer su mu tenisice bile pored ulaznih vrata.

Pokucala je na vrata kupaonice, vidjevši da gori svjetlo.

"Daniel, zašto mi ne odgovaraš kada te zovem?!", nastavi majka i dalje ljutitim tonom.

Tišina. Nema odgovora.

U tom je trenutku njena ljutnja prerasla u zabrinutost.

"Daniel, ulazim!", rekla je hvatajući za kvaku, znajući da u kupaonici nema ključa.

Otvorila je vrata i istog trenutka ugledala beživotno Danielovo tijelo kako sjedi na podu kupaonice. Bio je naslonjen uz ormarić. Glava mu je pala na prsa. Pored njega nalazile su se prazna čaša i prazna bočica tableta za spavanje.

"Daniel! Daniel!", vikala je majka, bacivši se ispred njega na koljena te hvatajući ga za glavu i podižući je. Daniel nije reagirao.

Linda je istog trenutka stavila dva prsta na njegov vrat i

osjetila blagi puls.

"Daniel! Pa što si to uradio?", vikala je majka, grcajući u suzama.

Otrčala je do ulaznih vrata, panično tražeći mobitel u torbici te nazvala hitnu pomoć.

Daniel je polako otvorio oči. Prvo što je čuo bio je zvuk uređaja koji mjeri broj otkucaja srca. Okrenuo je glavu u desno, spustivši pogled na svoju ruku u kojoj je bila velika kanila, povezana s infuzijom koja je lagano kapala.

Nisam uspio, pomisli razočarano.

"Daniel, budan si", čuo je glas majke koja je u tom trenutku poskočila s fotelje pored njegovog kreveta.

"Sine moj", grlila ga je majka plačući. "Dobro si. Hvala Bogu, dobro si."

Daniel ju je gledao šutke. Nije još želio govoriti. Osjećao se umorno. I razočarano.

"O, budni smo", začuje medicinsku sestru koja je tog

trenutka ušla u sobu.

"Odmori se još danas i sutra možeš kući", rekla je sestra, mijenjajući bocu infuzije.

Danijel nije reagirao. Gledao je u daljinu, ne želeći se suočiti s onim što ga sada čeka.

Ni ubiti se ne mogu! Eto, kakav sam ja gubitnik!, pomislio je i suze su mu same krenule niz obraze.

"Sine, dobro je sine, sad je sve u redu!", rekla je Linda, njegova majka, vidjevši da je počeo plakati.

Sestra je promijenila infuziju i na odlasku rekla Danielovoj majci: "Odite večeras kući. Niste se ni Vi tri dana odmorili kako treba. Ne brinite za njega, siguran je ovdje."

"Daniel moj, jako si nas uplašio sine. Zašto dušo? Što se dogodilo toliko strašno pa da si se odlučio napraviti to što si napravio?"

"Ne bi ti to razumjela, mama! Nitko me ne razumije", tiho odgovori Daniel.

"Ali, sine, ništa nije toliko strašno da se ne može riješiti! No, to je nebitno sada, imamo svo vrijeme ovog svijeta za riješiti sve. Hajde, odmori se sada pa sutra idemo kući."

Linda se nagnula nad njega, poljubivši ga u čelo.

"Vidimo se ujutro pa idemo kući."

Kada su Daniel i Linda sutra ujutro ušli u stan, David, Danielov otac sjedio je na kauču.

Bio je hladan i distanciran. Daniel je naviknuo na njega takvoga. Znao je od svojih prvih koraka što je vojska napravila od njegovog oca. Bio je tipičan vojnik. Hladan, zapovjednički nastrojen i fokusiran na postignuća. Daniel je znao da njegov otac odavno želi da i on krene njegovim stopama jer bi to bila čast za njega. Daniel, ne samo da to nije želio, nego je i skrivao tajnu koja bi dotukla njegovog oca.

Znao je da ga otac voli, ali Daniel je htio biti voljen na drugačiji način. Tako je žarko želio da ga otac voli zbog onoga što on jeste, a ne zbog onoga što je njegov otac mislio da će Daniel postati.

"Sjedni, Daniel!", rekao je otac pokazujući na kauč.

Linda se nije htjela miješati jer je već dovoljno dobro poznavala svog supruga, a i samoj joj je ponekad bilo užasno teško zbog njegove hladnoće prema sinu. I ona bi tako željela da ga je otac sada zagrlio i pokazao koliko je i on bio uplašen za njega, ali znala je da su njegovi zidovi previše podignuti i da on ljubav pokazuje na jedini način na koji zna.

Daniel je sjeo bez riječi, gledajući u pod.

"Jesi li uopće svjestan što si pokušao napraviti?"

"Da", odgovorio je Daniel, znajući i sam na koji je način najbolje razgovarati s ocem.

"Možemo li dobiti odgovor zbog čega si se odlučio na to?"

Daniel je šutio. Kad bi otac samo znao koliko je puta skupljao hrabrost da mu kaže i nikada nije uspio. Koliko već godina njegova istina vrišti u njemu, ali nikako da izađe van.

"Daniel, osramotio si ovu obitelj. Cijeli grad priča o tebi. Cijeli se život trudim da napravim pravog muškarca od tebe. Snažnog muškarca! A ti se poneseš kao kukavica. To što si pokušao napraviti rade samo slabići. Oni bježe. Što, neka te djevojka ostavila pa je to smak svijeta? Je li to razlog? Pravi se muškarci suoče sa svim što im život donese. I pobjede!"

"Možda ja nisam pravi muškarac!", kroz plač je, na sav glas, viknuo Danijel i otrčao u svoju sobu te zalupio vratima.

I majci su potekle suze.

"Nemoj tako oštro s njim!", rekla je suprugu.

"Jesi li svjestan koliko je sada osjetljiv? Hoćeš da ga stvarno izgubimo?"

Danielov je otac gledao u majku, kao da je tek tog trenutka shvatio što radi.

"Ali, želim ga ojačati! Želim da shvati da kroz život mora biti jak! Život nije lagan. Nikome, pa neće biti ni njemu. Što bi bilo da smo svi, kada je bilo teško, dizali ruke na sebe?! Nitko od nas ne bi dočekao punoljetnost. Zna li on kroz što sam ja prolazio u djetinjstvu? S ocem alkoholičarem i nepismenom majkom koja nije imala pravo glasa. Zato sam i odabrao otići u vojsku. Dokazati svima, a naročito ocu, da nikada neću biti poput njega i da sam jači od njegovih batina i poniženja da sam nitko i ništa!"

"Ali, Daniel nije ti. On je on. Ne možeš tražiti od njega da bude kao ti. Zar ne vidiš koliko već godina pokušavaš napraviti sebe od njega i ne polazi ti za rukom. Valjda ti to nešto govori."

"Završit ćemo sada ovaj razgovor", rekao je Danielov otac odlazeći u hodnik, iz kojeg je uzeo jaknu i izašao iz kuće.

Daniel je začuo kucanje na vratima svoje sobe.

"Dušo, mogu li ući?", rekla je mama, otvarajući vrata.

Daniel je sjedio na krevetu, bez odgovora.

Majka je sjela pored njega, uhvativši ga za ruke.

"Sine, moraš razgovarati sa mnom. Moram znati razlog tvoje odluke da okončaš svoj život. Što se događa, a da mi ne znamo?"

Kada bi samo znala koliko joj je želio reći što se događa u njemu već dugo godina, koliko dugo se bori protiv toga. A kako da joj kaže? Kako da im stavi taj teret na leđa? I njemu je pretežak.

"Mama, ti to ne bi razumjela", tiho odgovori Daniel.

"Zašto to govoriš sine, kako znaš da neću razumjeti, ako ne pokušaš? Ja sam tvoja majka i voljet ću te zauvijek, bez obzira na sve. Zašto misliš da meni ne možeš reći o čemu se radi?"

"Jer ću te razočarati, mama, a o tati i da ne pričam. Cijeli život ima očekivanja od mene, koja ja nikako ne mogu ispuniti."

"Ja ne pričam sada o tvom ocu, niti je on ovdje sada. Ja sam ovdje i govorim ti da nema toga što mi ne možeš reći, a što će me natjerati da te prestanem voljeti. Tvoje je srce kucalo ispod mojega, devet sam te mjeseci nosila u sebi. Dio si mene. Najljepši dio mene, Daniel. Moraš razgovarati sa mnom. Kako ti mogu pomoći, ako ne želiš?"

"Mama, molim te, vjeruj mi! Pusti me još neko vrijeme da posložim svoje osjećaje. Obećavam da ćemo uskoro razgovarati o svemu. Jako sam umoran. Nemam sada snage za ništa. Išao bih spavati."

"U redu, sine. Odmori se. Sutra je škola. I novi dan!", rekla je mama, ljubeći ga u obraz.

Kada je izašla iz sobe, Daniel je legao, duboko izdahnuo i prekrio se pokrivačem preko glave.

Ušao je školu pognute glave. Imao je osjećaj da svi gledaju u njega. Svi su znali. Ali, nitko mu nije prilazio. Samo su se međusobno došaptavali, upirući prstom u njega.

Sjeo je u svoju klupu, pokušavajući ignorirati sve oko sebe.

Profesor Thomas ušao je u učionicu i istog trenutka pogledao u Daniela. Daniel je primijetio njegov pogled. Volio je tog profesora povijesti, koji je volio njih. Svi su ga učenici obožavali. Bio je profesor koji ih je uvijek vidio onakvima kakvi jesu. Vidio je ljude, a ne učenike u njima. Zbog njega su svi zavoljeli povijest. Svaku je lekciju pretvorio u igrokaz i od povijesti napravio životne lekcije. Nije prošao sat, a da im nije usadio neku životnu lekciju koja će im služiti u budućnosti. Bio je umjetnik koji bi ih sa sata povijesti vodio u njihovu budućnost.

"Dobro jutro, najdraža generacijo!", rekao je profesor Thomas kroz osmijeh, na što se cijeli razred nasmijao jer ih je tako pozdravljao svakog sata, i to ne samo njihov razred, već svaki razred u koji bi ulazio. I to su svi znali, ali opet bi se osjetili posebnima, kada bi to izgovorio baš njima.

"Danas imam poklon za vas! Iako mnogi misle da je važnije puniti glave informacijama, ja znam drugačije. Važnije je napuniti srce. Jer kada njega napuniš, u glavi ostaje ono najvažnije. Ostaje znanje kako se živi život! Danas ćemo isto pričati o povijesti, ali vašoj, onoj koja za vas ima važnije značenje nego povijest Babilona, gdje se nalazio i što se s njim dogodilo."

Razredom se zaorio smijeh i pljesak.

"Pripremite papir i olovku. I kako tko od vas bude gotov sa zadatkom, može izaći na odmor."

"Tooooo!", začulo se iz zadnje klupe!

U razredu je nastao žamor, dok su otvarali torbe i kidali po jedan papir iz bilježnica.

"U redu", rekao je profesor Tomas, kada je vidio da su svi spremni.

"Napisat ćete esej naslova TKO SAM BIO I TKO ĆU TEK BITI"

"Pišite koliko želite. Nema pravila. Cilj je eseja da se prisjetite svoje povijesti i zaključite utječe li ona na vašu budućnost. Ne samo utječe li, nego i kako? I da, ne trebate se potpisati, ako ne želite. Zapravo je tako i zanimljivije. Vaša imena i prezimena ionako nemaju nikakve veze s tim niti me zanima kako se zovete. Zanima me tko ste, kada se opisujete bez identiteta. Možete početi i kada završite, donesite esej na moj stol i možete na odmor."

Učenici su prionuli na posao. U potpunoj tišini. U učionici u kojoj je predavao profesor Thomas, uvijek se osjećalo poštovanje u zraku. Učenici su ga poštivali jer je on poštivao njih.

Profesor Thomas je sjeo za svoj stol i kriomice, kroz naočale, pogledao prema Danielu.

Daniel ga nije vidio. Gledao je u papir, pripremajući se započeti s pisanjem.

Počeo je pisati, duboko udubljen u zadatak.

Kako je vrijeme odmicalo, svako malo bi netko od učenika završio, odložio olovku na stol i donio esej na profesorov stol. Napuštali su učionicu u tišini. Nakon tridesetak minuta, izašla je i pretposljednja učenica. U učionici su ostali samo Daniel i profesor Thomas.

Daniel je i dalje pisao. Profesor Thomas se pravio da čita novine, da Danielu ne bi stvarao nelagodu. Nije ih čitao. Razmišljao je o Danielu, o kojem i razmišlja od onog trenutka kada je čuo da si je pokušao oduzeti život. Cijeli je vikend razmišljao kako pomoći ovom predivnom dečku da se oslobodi okova koji su ga tako teško pritiskali i povukli na dno.

Zato je i bio oduševljen, kada mu je na pamet sinula ideja o eseju zbog kojeg će ostali učenici napustiti učionicu, bez da svi shvate koliko je želio ostati nasamo s Danielom. Pozivanje Daniela u njegov kabinet pred ostalim učenicima za Daniela bi moglo biti pogubno jer bi mogao osjetiti dodatnu sramotu zbog svega što se dogodilo. Već je bio u fokusu svih učenika, te mu on nije želio raditi dodatni stres.

Začulo se zvono. Daniel se trgne.

"U redu je, Daniel!," javi se profesor Thomas.

"Ne žuri. Danas je ionako blok sat. Imaš još vremena. Nikamo nam se ne žuri."

"Profesore, hoće li ovo čitati itko osim Vas?", javi se tiho Daniel.

"Neće, Daniel. Samo ja."

"A hoćete li ikome reći što smo napisali?"

"Ne, ovo je između mene i vas."

Daniel se u tom trenutku slomio. Da li od olakšanja ili težine tereta koji nosi na sebi, to profesor Thomas tek treba otkriti.

Profesor se ustao, prišao Danielu, nagnuo se nad njegov stol, prebacivši svoju ruku preko njegovog ramena i privukao ga u zagrljaj.

Daniel je počeo plakati još glasnije.

"Isplači se, Daniel, slobodno se isplači. Izbaci iz sebe svu bol koju nosiš. Ovdje si siguran. Tu sam. Na tvojoj strani."

Daniel je nezaustavljivo plakao. Suze su močile papir koji je bio sav ispisan.

Profesor Thomas ga je pustio da isplače svoju bol i ispere bolnu dušu.

Nakon nekoliko trenutaka, kada je vidio da se Daniel malo smiruje, privukao je stolicu pored njegove i sjeo.

"Daniel, znaš li tko sam ja?"

"Znam, moj profesor", odgovori Daniel, brišući nos i oči rukavom.

"I tvoj najbolji prijatelj u ovom trenutku", nastavio je profesor.

Daniel ga je sada gledao u oči. Kako je žarko želio prijatelja. Nekoga kome može sve reći. Nekoga tko ga neće osuđivati, nego mu biti podrška. A nije imao nikoga.

"Vjeruješ li mi?"

"Vjerujem", odgovori Daniel.

"Znaš, mi profesori nismo tu samo kako bismo vas naučili lekcijama iz predmeta kojeg predajemo. Mi smo odabrali ovaj poziv kako bismo vas usmjeravali. Kako bismo vidjeli vaš potencijal kojeg vi još ne vidite. Pa čak i ako to nije predmet kojeg predajemo. Ni ne treba biti. Nije svima povijest zanimljiva niti će im ikada informacije iz povijesti zatrebati u životu. Profesor to treba znati i, predavajući svoj predmet, vidjeti gdje u vama gori svjetlo. Vidjeti koji put osvjetljava taj plamen u vama. Ali prije svega, vidjeti u vama mlade ljude koji žele živjeti sretne živote. I to profesor nikada ne smije zaboraviti.

Ja nisam. Ni neću. I zato ti sada ovo i govorim. Ja sam tu kako bih ti pomogao da budeš sretan. Ali, moraš mi pomoći. Tvoj život je kao da si kapetan svog broda. Brod ne plovi sam, njime upravljaš ti. Ja sam kao svjetionik. Pomoći ću ti osvijetliti put, usmjeriti te, ali ti upravljaš brodom, zapamti to! Ne mogu ti pomoći, ako mi ne kažeš o čemu se radi. I znaj da će to ostati između nas. To ti obećavam. Osim ako zajedno ne odlučimo da je vrijeme da još netko sazna."

Daniel mu je šutke predao papir.

"Tu sve piše", rekao je tiho Daniel.

"Pročitaj mi", rekao je profesor, gurajući mu papir natrag.

"To je tvoja istina, reci je naglas. Sve dok svoju istinu ne izgovoriš naglas i ne prihvatiš je kao svoju, ona ostaje skrivena od tebe, svijeta i života. A životu se nikada ne opiri. I ne bori se s njim jer on uvijek pobjedi! I treba. Jer život si ti! Ne možeš pobijediti sebe, možeš samo živjeti sebe! I da si uspio pobjeći od života, znaš što bi ti se dogodilo? Vratilo bi se iznova sve ispočetka. Sve bi bilo isto. Jer nisi odradio lekciju po koju si došao. Nisi bio ono što istinski jesi. Tvoja bi duša to znala i ponovno bi napravila isti odabir. Zato je bolje naučiti se izdići iz boli i tuge tu gdje si sada, nego prolaziti ovaj put opet ispočetka."

"Što mislite pod tim da moja duša zna koji sam odabir donio?", upitao je Daniel zbunjeno.

"Daniel, ti si puno više od tvog tijela. Ti nisi tijelo koje ima dušu. Ti si duša koja je odabrala imati ovo tijelo i sve što ovo tijelo nosi. Svi mi dolazimo na ovaj svijet s odabirom što ćemo biti i kakav ćemo život živjeti. Dođemo učiti o sebi, rasti, spoznavati se. Put kojim ćemo putovati treba nas jačati i upravo oni kojima put bude najteži, najviše spoznaju svoju snagu i moć. Mi nismo ovdje kako bismo se borili sa životom, mi smo ovdje da se prisjetimo tko smo. Naš je život naš najveći saveznik u tome."

"A što, ako ne volimo to što jesmo?", upita Daniel.

"Znači da još uvijek nisi razumio život. I to je u redu. To je proces. Zato i je zamišljen da traje dugo. Hajde sada da čujem tvoj esej. Idemo zajedno na ovo tvoje putovanje."

Daniel je duboko uzdahnuo i približio papir.

"Tko sam bio i tko ću tek biti", pročitao je Daniel naslov pa krenuo:

"Ne sjećam se da sam ikada bio sretan", čitao je.

"Ni kada sam bio beba, ni kada sam bio dječak. Dobro, možda sam i bio sretan kao beba, ali to mi nije ostalo u pamćenju. Prvo čega se sjećam da sam od malena bio drugačiji. Druga me djeca nisu voljela i nisu se htjela igrati sa mnom. Nisam volio ići u vrtić jer nisam imao prijatelje. Ocu se nisam sviđao. Nikada. Ne sviđam mu se ni sada. Znam da bi on htio da sam netko drugi. Kada sam imao 13 godina, shvatio sam što sa mnom nije u redu. Prvi put sam se zaljubio. Nisam bio siguran kako izgleda biti zaljubljen, ali sam osjećao da je to to. Jer mi je davalo lijepi osjećaj. Ali, istovremeno i strašan. Jer se događalo nešto nenormalno. Zaljubio sam se u dječaka, s kojim sam sjedio u klupi. Patricka."

Daniel je prekinuo čitanje i pogledao u profesora Thomasa, kao da pogledom želi vidjeti je li profesor Thomas shvatio da se radi o Patricku koji i sada ide s njim u školu i kojem on, također, predaje.

"Samo nastavi, bez brige, sve je u redu", rekao je profesor stavljajući mu ruku na rame u želji da ga ohrabri, ne dajući mu ni najmanji znak da je shvatio o kome se radi.

„Nisam to htio, jednostavno se dogodilo. Djevojčice nisu postojale za mene. Nisu mi izazivale nikakvu emociju. A njega, kada bih vidio i bio blizu njega, cijelo tijelo kao da mi je bilo sretno. Samo sam tada bio sretan. Jednom smo se našli sami kod mene u kući i dotaknuo sam mu ruku. Pogledao me na isti način, kako sam ja gledao njega. U tom sam trenutku znao da i on osjeća isto. To mi je dalo snage da ga poljubim. Kada su moje usne dotakle njegove, nije se protivio na početku, a onda me snažno odgurnuo i viknuo: "Jesi li ti normalan! Makni se od mene!" i otrčao kući. Plakao sam taj cijeli dan i noć. Sutra kada sam došao u školu, bio sam uvjeren da će tražiti da ga maknu od mene iz klupe, ali to se nije dogodilo. Držao bi me za ruku ispod klupe. Kada bismo se našli sami u školskom zahodu, poljubio bi me na trenutak i otišao. Cijelo mi je vrijeme slao signale da se i ja njemu sviđam. Ali samo kada bismo bili sami. Kada bi bio u društvu svojih prijatelja, rugao bi mi se, zadirkivao i pravio da nismo prijatelji. To je trajalo nekoliko mjeseci. Onda je počeo hodati s jednom djevojkom iz razreda i ništa mi nije bilo jasno. I dalje mi je davao pažnju, kada bismo ostali sami. Jednom mi je rekao da nikome ne smijem reći što se događa među nama. Da to nije normalno i da će nam se cijela škola rugati. Da će me pretući, ako ikome kažem. Da je ovo tajna koju moramo ponijeti sa sobom u grob. Bio sam slomljen. Uplašen, zaljubljen i slomljen. Toliko sam želio da se ne moramo skrivati, ali Patricku to nije bila opcija. I s vremenom sam i ja shvatio da nitko ne smije saznati tko sam ja. Cijelo ga ljeto nisam vidio, a kada je počela nova školska godina, pravio se da me ne poznaje. A vidio sam da s drugim dječakom ulazi sam u zahod i da s njim sada radi sve što je radio sa mnom. Prestao sam postojati za njega. Googlao sam cijelo vrijeme što mi se događa i zašto mi se sviđa muškarac i, naravno, shvatio što nije u redu sa mnom. Ja sam gay!"

U tom je trenutku Daniel prestao čitati, bez da je podignuo glavu. To je i bila posljednja rečenica koju je napisao.

Profesor Thomas gledao je u njega s nježnim izrazom lica, bez ikakve osude. I Daniel je to osjećao. Osjećao je da ga ovaj divan profesor ne osuđuje.

"Daniel, to što nisi poput većine ne znači da nešto nije u redu s tobom. Jednostavno si drugačiji od većine. I to je u redu. To ne znači da si pokvaren, bolestan ili bilo što drugo. To znači da si jednostavno drugačiji. A biti drugačiji ne znači nužno nešto loše. Dapače, oni drugačiji su rijetki. Oni drugačiji odskaču od većine, a većina je prosjek. Svi izvrsni ljudi nikada nisu bili u prosjeku."

"Ali, svi bi me osudili zbog toga."

"Ljudi osuđuju ono što ne razumiju. Ni ne shvaćaju da osuđuju jer se plaše, a znaš čega se plaše?"

"Čega?"

"Vlastitog neznanja. To njih plaši. Ne to što je netko drugačiji, već to što oni pojma nemaju što to znači i kako se nositi s tim. Onda svoja neznanja skrivaju iza glasnih napada na druge. Osuđivanjem i vrijeđanjem lažno sebi daju na važnosti, a duboko u sebi su mali. Njihovo ih neznanje čini malima. Jer znanje ti daje veličinu. Znanje je moć."

Daniel ga je pažljivo slušao.

"Ja sam pokušao sve da ne budem ovakav."

"Vjerujem da jesi. I kako ti ide?"

"Pa nikako."

"Eto! I nikada ti neće ni ići. Pokušavati biti ono što nisi je igra bez granica. Koja jako iscrpljuje. Jesi li si zato pokušao oduzeti život?"

"Da! Imao sam osjećaj da ne mogu više. Previše me boljelo."

"Vrijeme je da počneš živjeti ono što istinski jesi. Maloprije sam ti rekao da si odabir tko ćeš biti donio još prije svog rođenja. Točno si znao što te čeka i u kakvo okruženje dolaziš, ali bilo ti je važnije doći po ovo iskustvo u kojem ćeš naučiti veliku lekciju."

"Koju?"

"Ljubav je ljubav. Ona nema granica. Nema ni rod ni spol. Ona je jednostavno ljubav.

Znaš li ti koliko si ti zapravo snažna duša?"

"Ja snažan?", upita Daniel kroz ciničan osmjeh.

„Ako nešto nisam, nisam snažan."

"O, jesi! Vidiš, duše većine ljudi odabiru da će kroz život osjećati ljubav prema osobama suprotnog spola. I taj je put lagan jer je na ovom svijetu normalan. A sada zamisli hrabrost i snagu tvoje duše. Ona je znala da donosi odabir koji je drugačiji od većine, odabir koji će nailaziti na osudu i nerazumijevanje, ali ipak je rekla *da* tom odabiru! Nije li ta duša zapravo jako hrabra?"

Daniel se nasmiješio sam u sebi. Svidjelo mu se to što je čuo. Po prvi je put netko rekao nešto o tome da je gay, a da se zbog toga nije osjetio loše i manje vrijednim.

"Znaju li tvoji roditelji tko si uistinu?", nastavi profesor Thomas.

"Ne! Nitko ne zna. To bi dotuklo moje roditelje. Naročito oca. Moj je otac cijeli svoj život vojnik. Zamislite da mu to kažem. To bi ga ubilo. Čak mislim da bi me se i odrekao."

"Zašto si toliko siguran u to?"

"Zato što čitav život pokušava napraviti muškarčinu od mene, vojnika, sebe. Nikada me nije prihvatio ovakvog kakav sam, a kamoli da sazna ovo."

"Ja ću popričati s njim", reče profesor Thomas.

Daniel se nije bunio. Da, plašio se i od same pomisli na očevu reakciju kada sazna, ali nije se opirao ovom prijedlogu. Bio je umoran od opiranja.

"Daniel, moraš jasno i glasno reći svojim roditeljima tko si i što te muči. Kako ti mogu pomoći, ako ne znaju o čemu se radi? Siguran sam da i tvoja majka duboko pati jer ne zna što se događa s tobom i zašto si se pokušao ubiti. Tvoj otac može samo biti u strahu u tom trenutku, ali u strahu od svog neznanja, kako sam ti i objasnio. Dopusti da mu ja pojasnim. Sve će biti dobro, vjeruj mi. Moraš skinuti taj teret sa sebe. Inače će opet postati pretežak. A sjeti se što sam ti rekao. Uspiješ li u svom naumu da si oduzmeš život, opet ćeš doći i cijeli put proći ispočetka. Hajde da ga radije nastavimo sada odavde, do kuda si već došao. A došao si daleko. Možeš ti to, nisi sam. Ja sam uz tebe."

"U redu", rekao je Daniel. Iako se plašio, osjećao je da na ovom putu neće biti sam.

Profesor Thomas se ustao i izvadio iz svog notesa papir te

napisao:

Poštovani gospodine i gospođo Bennet,

Biti ću slobodan sutra u 17 sati doći do Vas na razgovor.

S poštovanjem

Prof. Thomas Coleman

"Idi sada na odmor, Daniele. Vidimo se sutra. Sve će biti u redu."

Daniel je došao kući nakon škole. Majka je pripremala večeru, a otac gledao televizor u dnevnom boravku. Ušao je u svoju sobu, osjećajući se drugačije nego jutros. Kao da je osjećao olakšanje što je nekome otkrio svoju tajnu. Kao da je s njega spao dio tereta koji je nosio.

"Danieeeeeel, večeraaaa!", čuo je majku kako ga doziva.

Posegnuo je u svoju školsku torbu i uzeo papir kojeg mu je dao profesor Thomas i krenuo prema blagovaonici.

Kada su i otac i majka sjeli za stol, Daniel pruži papir majci.

"Ovo su mi dali u školi da vam dam", rekao je.

Otac je podignuo glavu prema njemu pa prema supruzi,

čekajući da čuje što će pročitati.

"Poštovani gospodine i gospođo Bennet.

Biti ću slobodan sutra u 17 sati doći do Vas na razgovor.

S poštovanjem

Prof. Thomas Coleman"

Majka je pročitala pismo naglas.

"Što si napravio?", upitao ga je otac.

"Ništa", odgovori Daniel.

"Ima nekog razloga zašto želi razgovarati s nama."

"Pa ima, ali ništa loše nisam napravio. Rekao je da želi razgovarati s vama."

"Naravno da ćemo razgovarati s njim", javi se majka.

"Nije sada ni važno zašto, sutra ćemo saznati."

"Reci mi, Daniel, kako je bilo danas u školi?", nastavi majka.

Daniel i majka pričali su za stolom o danu koji je prošao. Nije joj rekao ni za esej ni za ono što se dogodilo s profesorom Thomasom. Nije još imao snage za to. Otac je cijelo vrijeme sjedio za stolom, ne progovorivši ni riječ.

Kada je završio večeru, Daniel se prvi ustao od stola i otišao u svoju sobu.

"Zašto si takav prema njemu?", upita majka oca.

"Hladan i nepristupačan. Znaš li koliko je sada osjetljiv. Cijelu večeru s njim nisi progovorio ni riječi."

"A što bih trebao, pa tko je ovdje otac, a tko sin?!", upita ljutito. "Valjda je on taj koji se treba prvi obratiti meni!"

Majka je duboko uzdahnula.

Znala je koliko Daniel vapi za očevom ljubavlju, ali i koliko njegov otac može biti hladan. A znala je da duboko u sebi nije takav. I zato ju je to boljelo još više. A nije znala kako da im obojici pomogne da ostvare dobar odnos.

"Dobro", izustila je, kao da se predaje.

"Ništa, idem spavati. Računaj da profesor Thomas dolazi sutra u pet sati."

Točno u pet sati začulo se zvono na vratima. Daniel je otvorio vrata i ugledao profesora Thomasa.

"Dobar dan Daniel", rekao je profesor.

„Očekuju li me tvoji roditelji?"

"Da, uđite. Samo ravno do dnevnog boravka."

Majka i otac dočekali su ga na nogama, pružajući mu ruku i pozdravljajući ga.

"Dobro došli", rekao je Danielov otac, "izvolite sjesti."

Majka je uzela profesorov kaput, odnijela ga u hodnik te objesila pored ulaznih vrata.

"Što biste željeli popiti?", upitala je.

"Može jedna kavica", rekao je profesor.

"Stiže za minutu."

"Kako ste, profesore?", upita Danielov otac, ne želeći da se stvori neugodna tišina.

"Odlično sam! Hvala na pitanju. Kako ste Vi?"

"A čujte, kako mogu biti s obzirom na to što smo proživjeli prije neki dan?!"

U tom je trenutku majka ušla u dnevni boravak, noseći kavu za profesora.

"Izvolite", ljubazno se obratila profesoru, stavljajući šalicu s kavom, mlijeko i šećer na stol.

Sjela je pored supruga, vidno napeta, očekujući da sazna razlog profesorovog posjeta.

"Hvala", rekao je profesor Thomas.

„Divno miriše... Potpuno razumijem kako se osjećate. To i je razlog mog posjeta danas. Ja bih te samo zamolio, Daniel", rekao je obraćajući se njemu, "ako bi nas mogao ostaviti nekoliko minuta same, pa da nam se poslije pridružiš."

Daniel se, bez riječi, ustao i krenuo prema sobi. Nije mu bilo svejedno što ne zna što će profesor pričati s njima, ali mu je istovremeno i vjerovao.

Kada je profesor čuo da su se vrata sobe zatvorila, nastavio je.

"Došao sam sa željom da Vam pomognem da shvatite razloge njegove odluke da si oduzme život."

"Vi znate razlog", ubaci se zabrinuto majka.

"Da", jučer mi ga je rekao.

"I, koji je?", nastavi otac, i dalje ne pokazujući emocije bilo kakve vrste.

"Prije negoli Vam ga kažem, želio bih popričati s Vama. Volite li Vi svoje dijete?", upita profesor.

"Naravno da ga volimo", odgovori majka.

"A Vi?", upita profesor oca koji nije dao odgovor kad i majka.

"Odgovor na to pitanje bi trebao biti jasan, zar ne?", odgovori otac.

"Ali, nije jasan. Zato Vas i pitam. Nisam ovdje da Vam kažem da ga ne volite, već da Vam pomognem da shvatite volite li ga na način na koji Daniel želi i treba biti voljen. Kako znate da ga volite?", nastavi profesor, gledajući u Danielovog oca.

"Jer mu želim samo najbolje u životu. Želim da bude borac kojeg ništa neće slomiti. Da se zna nositi sa životom i svime onim što život nosi."

"Nabrojali ste sve što mu želite i sve što bi se tek trebalo dogoditi u budućnosti. Mnogi roditelji, brinući o tome tko će im dijete postati, zaboravljaju da je ono već netko danas. Volite li ga danas? Sada? Ovo tko je on sada?"

Danielov je otac nakratko ostao šutjeti, pa rekao:

"Meni je sada fokus na onome tko će on postati. Tako su i nas učili u vojsci. Vojnik, kada dođe u vojsku, nije ni blizu onoga tko će tek postati. I mi ga danas pripremamo za sutra."

"Vaš sin nije vojnik, a roditeljstvo ne bi trebala biti vojska, zar ne? Daniel je pokušao sebi oduzeti život. Ne čini li Vam se da ta metoda nije učinkovita? Tog vojnika kojeg čekate, zamalo da niste ni dočekali. Daniel treba Vašu ljubav sada. On vapi za Vašim prihvaćanjem. Ne samo on, svako dijete to želi. Da ga roditelj vidi i čuje."

Danielov je otac kimnuo glavom u znak odobravanja.

„Došao sam da Vam kažem da sam razgovarao s njim. Zadao sam svim učenicima zadatak da napišu esej naslova TKO SAM BIO I TKO ĆU TEK BITI. Daniel je u njemu napisao razloge zbog kojih je nesretan i zbog kojih mu je teret koji osjeća postao pretežak. Ja ću Vam sada dati da ga pročitate, samo Vas molim da ga ne osuđujete i da budete otvorenog srca, ni trenutka ne zaboravljajući da je ovdje život Vašeg djeteta u pitanju. Potrebna mu je Vaša podrška. Ili ćete mu pomoći da bude tko jeste ili ga, vjerujte mi, više neće biti."

Profesor Thomas im pruži Danielov esej. Majka ga uzme i stavi ispred sebe i oca i oni krenu zajedno čitati.

Profesor Thomas se nasloni u fotelju, ispijajući kavu.

Promatrao ih je dok su čitali.

Majci su suze tekle niz obraze, dok otac nije mijenjao izraz lica.

Kada su pročitali esej do kraja, oboje su ostali u tišini, ne znajući što da kažu.

Nitko ih nije pripremio na ovakav scenarij.

"Daniel je jedan predivan dečko", profesor Thomas je prekinuo neugodnu tišinu.

„Predivan dečko koji je drugačiji od većine samo po tome što osjeća emocije prema istom spolu. Pojedini se ljudi jednostavno rode takvima. I to je dio njega, njegove osobnosti i identiteta. I kada ste takvi, vama je to prirodno i ne možete se boriti protiv toga. I ne biste se borili protiv toga, da vam svijet ne nameće da trebate. I sada zamislite kako je njemu kada zna da je drugačiji od većine, a da ga ta većina ne prihvaća. Zamislite i da dvije osobe koje bi mu trebale u životu biti najveća podrška, on osjeća da ih nema. Konstantno živi u strahu. Možete li zamisliti takav život? To vas pritišće i guši svake sekunde u danu. Nemate s kim o tome razgovarati, nema vas tko utješiti, ohrabriti, pomoći vam na tom putu. A što on pogrešno radi? Ništa. Ni jedan korak. On samo želi živjeti i voljeti."

"Možemo li ga sada pozvati, molim Vas?", upitala je majka, i dalje brišući suze s lica.

"Naravno", rekao je profesor Thomas.

"Daaaaaniel!", viknula je majka.

Čula je kako se vrata sobe otvaraju. Daniel se bojažljivo pojavio na vratima dnevnog boravka, ne znajući koliko toga roditelji znaju o njemu sada.

"Sine moj!", rekla je majka, ustajući i grleći ga.

"Sine moj, koliko te volim. Sve je u redu. Sve! Oprosti što nam nisi mogao reći što te muči, što osjećaš i kroz što prolaziš."

Daniel je počeo glasno plakati. Čvrsto je grlio majku, osjećajući olakšanje da napokon znaju.

Otac je i dalje sjedio nepomično, kao da se borio sa svojim mislima i osjećajima.

"Daniel, dopustit ćeš mi da se malo saberem. Ovo je veliki šok za mene.", rekao je naposljetku.

"Na sve sam u životu bio spreman, ali na ovo nisam", rekao je otac, ustajući iz fotelje.

„Profesore, ispričajte me. Idem malo prošetati i sabrati misli."

Profesor Thomas mu je pružio ruku i Danielov je otac krenuo prema izlaznim vratima, obukao jaknu i izašao iz kuće.

"Dođi Daniel, sjedni s nama", rekla je majka.

U tom je trenutku zazvonio profesorov mobitel.

"Ispričavam se. Moram se javiti."

Potom je otišao u kuhinju.

Majka je i dalje snažno grlila Daniela, kada se profesor Thomas vratio u dnevni boravak, izrazito ozbiljnog i zabrinutog izraza lica.

"Upravo me zvao ravnatelj škole. Naš učenik Patrick Bale je danas u dva sata popodne počinio samoubojstvo."

Daniel je osjetio da gubi tlo pod nogama. Patrick?! Kako Patrick? Zašto? Imao je osjećaj da sanja. Ovo nije istina, nešto je krivo čuo.

Počeo je nekontrolirano plakati. Majka je, također, bila šokirana viješću. Nije poznavala Patricka, ali se istog trenutka sjetila Patrickove majke i pomislila kako se ona sada osjeća.

"Ispričajte me. Moram do škole. Zvat će i vas uskoro. Žele da svi učenici i roditelji dođu u školsku dvoranu u devet ujutro. Hvala što ste me primili. I prenesite još jednom moje pozdrave Vašem suprugu."

Tog je jutra ispred škole vladala tišina. Zastava škole bila je spuštena na pola koplja. Sa svih su strana dolazila djeca s roditeljima, ulazeći na ulaz za dvoranu.

Daniel je stigao s roditeljima pet minuta do devet i svi su se zajedno smjestili u prvom redu.

U dvorani je vladao žamor, ali ne veseli, kako to inače biva kada se održavaju školske utakmice ili natjecanja.

Profesori su ušetali u dvoranu točno u devet sati. Jedan po jedan ulazili su u tišini i sjedali na poredane stolice na pozornici. Svi su šutjeli.

Ravnatelj škole stao je za govornicom te se, u tom trenutku, na velikom zaslonu iza njega pojavila slika Patrika. Patrik je bio nasmijan na slici. Izgledao je sretno. Sada cijela škola zna da je to bila samo maska koja ga je štitila i uz pomoć koje je preživljavao iz dana u dan.

"Dragi učenici i poštovani roditelji", započeo je ravnatelj.

"Na žalost, danas se nismo okupili kao i inače, kada pružamo podršku sportašima naše škole. Kada ih bodrimo i navijamo za njih i njihove uspjehe. Uspjehe koji će im omogućiti blistavu budućnost. Danas smo se okupili zbog jednog tužnog čina, zbog odluke jednog našeg učenika da naglo prekine svoj mladi život. Našeg dragog Patricka koji neće imati priliku doživjeti blistavu budućnost. Pozvali smo vas sve jer Patrick, iako je odlučio okončati svoj život, nije želio otići uzalud. Želio je, ako već on nije mogao nastaviti ovaj život dalje, da se to u ovoj školi nikome više ne dogodi i zato je svoje posljednje riječi i želju ostavio u obliku poruke."

U dvorani se, iako se nije začuo niti jedan glas, osjetila reakcija na ravnateljeve riječi.

Brojni roditelji i učenici su plakali.

Patrickovu posljednju poruku upućenu svima vama sada će pročitati profesor Thomas.

Profesor Thomas ustao je, držeći papir u ruci, te prišao govornici i mikrofonu.

"Pozdrav i od mene, draga djeco i poštovani roditelji. Ja sam zamolio ravnatelja da vam se upravo ja obratim s nekoliko riječi te da vam pročitam Patrickove posljednje riječi. Želio sam to biti ja iz više razloga. Već 20 godina radim u ovoj školi. Dočekao sam i otpratio brojne generacije. Ono što nikada nisam radio i što si nikada ne bih dopustio, bez obzira koliko je djece kroz prošlo moju učionicu i bez obzira na broj godina koliko sam u školi, je da djecu uzmem zdravo za gotovo. Da mi postanu samo broj u dnevniku. Svakoga od vas, djeco moja, ja poštujem duboko i ponaosob i svatko od vas mi je podjednako bitan. A zašto? Jer znam koliko ste vi bitni sebi. Koliko, bez obzira koliko je djece oko vas, vi život gledate kroz svoje oči, osjećate svoju emociju, želje, brige, strahove. Svaki od vas svaku večer legne u krevet i ostaje sam sa sobom. Sa svojim mislima. I tako vas i ja vidim. Tako vas vidim i danas. I zato vas sada molim da ovu poruku koju ćete čuti od Patricka, uistinu i čujete. Da je slušate, znajući da je ovaj dječak isto bio takav. Svaki dan, kada bi se vratio iz škole, ostajao je sam. Sam sa sobom, svojim mislima, emocijama, željama, brigama i strahovima. I to mu je sve postalo preteško. Preteško za njegova petnaestogodišnja leđa. Ali, tko je Patrick uistinu bio ne pokazuje čin koji je napravio, već ova poruka koju je ostavio svima nama. I nemojte ga pamtiti kao dječaka koji je sebi oduzeo život, već kao dječaka koji nam je, svojom posljednjom porukom, svima želio život učiniti ljepšim i lakšim."

Svi su u dvorani plakali. Najglasnije se čula Patrickova majka koja je sjedila u prvom redu, okružena Patrickovim sestrama.

I profesor Thomas je jedva suzdržavao suze, ali znao je da

mora biti jak i do kraja pročitati poruku koju je Patrick ostavio. Važnije mu je u ovom trenutku bilo prenijeti ovu snažnu poruku, a sa svojom će se boli nositi kasnije.

Profesor Thomas stavio je svoje naočale za čitanje pa započeo s čitanjem poruke:

Pišem ovu poruku nekoliko trenutaka prije negoli ću napustiti ovaj svijet. Svijet koji me nikada nije prihvatio. Cijeli je moj život bio jedna velika laž. Laž koja je postala toliko preteška da je više ne želim živjeti. Sve što sam želio od života je da mogu biti ono što uistinu jesam. A u tome nisam uspio. Sve sam pokušavao da ne budem ovakav, ali nisam uspio. I kada bi se odvažio i ohrabrio da pokažem svima tko sam, uvijek me netko podsjećao da to tko sam ne vrijedi i nije normalno. Pišem ovu poruku kako bih vam se obratio svima sada, kada imam hrabrosti. Jer dok vi ovo budete slušali, mene više neće biti. Više me nitko neće moći povrijediti niti mi se rugati niti prijetiti batinama. Biti ću slobodan. Ali, ne pišem ovo samo radi sebe. Pišem zbog svih vas koji ostajete. Zbog onih koji su mi nanosili bol, ali i onih koji bol osjećaju.

Pišem zbog svih vas koji ste me svojim postupcima i doveli do ovog čina.

Koji mislite da ste face, ako maltretirate slabije od sebe po školi, radite im spačke da im se cijela škola smije. Ne! Niste face, nego ste upravo suprotno! Prvo se želim obratiti vama.

Biti snažan znači imati toliko snage da možeš pomoći podići onoga kojem je u tom trenutku potrebna snaga. Vi odradite svoj nasilnički čin i odete u svoj dan, ne shvaćajući koliko onog drugoga lomite, koliko mu slabite duh. Vi odete zaboravljajući na nas, a mi na vas mislimo satima, danima i mjesecima. Netko i cijeli život. Jer ste nas slomili toliko da se nikada više ne možemo uspraviti.

U dvorani je vladala mrtva tišina. Svi su, bez daha, slušali što profesor Thomas čita, a jasno se moglo vidjeti tko poginje glavu i prepoznaje sebe u ovim riječima.

Prestanite to raditi, molim vas! Prestanite na nas drugačije od vas gledati kao na nevažne ljude jer mi to nismo. Mi smo ljudi poput vas. Drugačiji po nečemu. Pa što? Zašto svi moramo biti poput vas? Tko je vas postavio za mjerilo da je jedino ispravno ono što vi jeste. Jer nije. Naročito ne, kada maltretirate i zlostavljate druge. Upravo ste suprotno od toga. Suprotno od svega onoga što bih ja ikada želio biti. Ne pišem vam ovu poruku kako biste se osjećali loše jer to je ono što ste vi meni radili, a ja ne želim biti isti kao vi. Pišem vam ovu poruku ne biste li shvatili što radite. Možda po prvi put u životu. Da shvatite i da to više nikada ne ponovite. Da se sjećate mene koji vam nikada ništa loše nisam napravio, a vi ste mene oslabili, toliko da više nemam snage za dalje. Vi ćete vidjeti sutra, ja neću. Vi ćete za koju godinu oblačiti svoja odjela, odlaziti po svoje djevojke i ulaziti u školsku dvoranu na maturalni ples, ja ne. Vi ćete doživjeti ljubav i imati obitelji, ja ne. I u tome će biti jedina razlika među nama. Vi ćete nastaviti sa životom, ja ne. Zbog takvih kao što ste vi. I zato sljedeći put, kada se krenete nekom rugati, udarati ga i ponižavati bez ikakvog razloga, sjetite se ovih riječi. Vaša djela imaju daleko veće posljedice nego što vi to mislite. I nisu smiješna. Ni najmanje.

Želite biti snažni? Budite toliko snažni da prihvatite one koji su drugačiji od vas. To je snaga! Prihvatiti ono što možda ne razumijete.

Sada kada me više nema, po prvi put mogu jasno i glasno reći: Ja sam gay! Zaljubljivao sam se u muškarce! I samo prema muškarcima osjećao ono što zovemo ljubav!

Profesor Thomas je, namjerno, prestao čitati na trenutak, ne samo kako bi dao snagu ovim riječima, već i kako bi vidio reakcije svih koji ovo slušaju.

Iznenađenja na licima brojnih učenika bila su jasno vidljiva. Pogledavali su se međusobno, kao da se pogledima pitaju je li ovo istina. Mnogi nikada nisu pomislili da je Patrick gay. Upravo suprotno. Uvijek je imao djevojke i glumio frajera.

Na licima nekoliko učenika vidjelo se da nisu iznenađeni jer su upravo oni bili ti koji su sumnjali da je to tako i zbog toga zadirkivali Patricka i maltretirali ga. Ti su učenici pognuli glave.

Patrickova majka nije reagirala jer je Patrick njoj i sestrama ostavio poruku u kojoj im je ovo napisao.

Daniel je ostao bez reakcije. Daniel je znao. Bio je zaljubljen u njega u osnovnoj školi i ljubili su se tajno. Ali je i znao koliko Patrick nikada nije htio to javno priznati i koliko je i njega uvjeravao da ni on nikada ne smije javno priznati da voli muškarce.

Sada kada sam to prvi put izrekao javno i po prvi put ste ovo čuli od mene, želim se obratiti roditeljima, profesor Thomas je nastavio čitati poruku.

Budite uz svoju djecu. Čim prije. Razgovarajte s njima. Dovedite ih do toga da vam kažu istinu koja živi u njima. Ali, do toga ih ne možete dovesti osudom, prijetnjama i kritikom. Ona moraju osjećati sigurnost, što god da vam kažu. Vaša djeca proživljavaju svašta u školi. Stvari koje vi nikada nećete saznati, ako ih samo pitate o ocjenama. Škola je mnogo više od ocjena. Škola nas izgradi ili slomi.

A vaš je zadatak da nam pomognete. Moja majka sluša ove moje riječi i nikada više neće imati priliku razgovarati sa mnom. Nemojte da se to dogodi i vama.

U tom je trenutku Danielov otac spustio glavu i položio ruku na čelo. Jasno je čuo ove riječi. Po prvi su se put njegove emocije mogle jasno vidjeti.

Daniel je to primijetio. Osjetio je tračak nade.

Ne očekujte od vaše djece da budu ono što vi želite da budu. To nije vaš posao. Vaš je posao pomoći nama da postanemo ono što mi želimo biti. Nema tih batina, kazni i kritika koje će nas promijeniti. Ljubavlju nas vodite i usmjeravajte. Prihvatite ono što smo. To je sve što mi želimo. Da nas vidite i čujete! Želite da budemo uspješni? Ne! Vi želite da mi budemo sretni! Sretni ljudi postaju uspješni. Nesretni

191

postaju probisvjeti koji se konstantno bore sa životom.

I zato vas molim, ako išta želim na kraju mog života, da budete uz svoju djecu kako ne bi imala osjećaj da su sama. Neka vam moja tuga bude primjer za vašu djecu i da je bolje rješenje da ih prihvatite kakvima jesu, nego da ostanete bez njih. Jer hoćete! Bol koju nosimo u sebi često postane preteška. Meni je postala. Nemojte da postane i vašem djetetu.

U ovom je trenutku Danielov otac prebacio ruku preko njegovog ramena.

I za kraj bih se želio obratiti jednoj posebnoj osobi. Osobi koju sam svojim strahovima i nesigurnošću jako povrijedio. A znam da je među vama. Osobi za koju znam da mu teret života, također, postaje pretežak.

Neću ga imenovati jer ga ne želim dovesti u situaciju za koju možda nije spreman.

Znat će on tko je. Moja prva ljubav, moj prvi poljubac s muškarcem.

Daniel je zadržao dah. Znao je da priča o njemu.

Oprosti mi, molim te, za bol koju sam ti nanio. Bio sam uplašen. Uplašen zbog onoga što sam osjećao prema tebi.

Moje grube riječi tebi bile su odraz moje boli i mog straha. Ne slušaj što sam ti govorio. Ne srami se sebe i budi ponosan na sebe. Predivno si biće i uvijek si bio dobar prema meni. Voli! Voli bez zadrške. Više si mi ti ljubavi dao nego sve djevojke poslije tebe. Ne skrivaj više svoju istinu! Oni koji te ne budu razumjeli ni ne trebaju biti dio tvog života. Živi ljubav, onako kako osjećaš da ljubav treba izgledati za tebe. Jer nije li ljepše voljeti, nego cijeli život živjeti u strahu od nje. Nemoj dozvoliti da ti se dogodi što i meni. I želim da ove riječi budu moj poklon tebi. Da ti daju nadu i snagu da živiš svoju istinu. Jer živjeti svoju istinu znači živjeti ljubav!

Prije nego vas pozdravim jednom zauvijek, imam još samo jednu želju. Svi koji ste danas došli čuti moje riječi i odati mi na neki način počast i posljednji pozdrav, uradite to na način da prihvatite ovu osobu! Dajte mu snage da se javno pokaže tko je i da osjeti podršku kakvu nije osjetio nikada u životu. Da po prvi put u životu osjeti da ga vidite i čujete. Da po prvi put u životu osjeti ponos zbog toga tko uistinu jeste! Želite li mi darovati nešto za kraj, darujte onome koji je kao i ja.

Profesor Thomas je presavio papir u znak da je to bila

193

posljednja rečenica.

U tom se trenutku u dvorani začuo pljesak. Prvo nekoliko ljudi, a nakon toga sve više i više, dok se cijelom dvoranom nije orio pljesak podrške. Svi su pljeskali, pogledom tražeći o kojem se učeniku radi i hoće li se nešto dogoditi.

Daniel je ubrzano disao, skupljajući snagu za ono što slijedi. Znao je da je ovo presudan trenutak u njegovom životu. Sad ili nikad, rekao je u sebi. Ustao je i istog su se trenutka svi okrenuli prema njemu. Pljesak je postao još glasniji. I uzvici podrške. Danielu su suze same krenule niz lice. Osjećao se kako se nije nikada osjećao u životu. Osjećao je slobodu! Slobodu koju nikada u životu nije osjetio.

Pogledao je prema pozornici. Svi su profesori ustali i, također, plješćući pružali podršku Danielu. Profesor Thomas imao je osmijeh preko cijelog lica te je, očiju punih suza, napravio pokret rukom kojim ga je pozvao da dođe na pozornicu.

U trenutku kada je Daniel napravio prvi korak, osjetio je kako ga je otac uhvatio za nadlakticu. Daniel se trzne i pogleda u oca koji je sjedio pored njega.

Otac se ustane, spusti svoju ruku s Danielove podlaktice na njegov dlan, dajući mu ruku.

194

"Idemo zajedno!, reče mu otac. Moj si sin i ponosim se tobom. Nikada više nećeš imati osjećaj da kroz život koračaš sam!"

Danielovo je lice izgledalo kao da ga je obasjalo najljepše sunce. Oči su mu zasjajile kao nikada do sada, a suze sreće su mu tekle niz obraze.

"Idemo!", rekao je ocu, stišćući mu ruku još jače u znak zahvale, ali i snage koju mu je otac dodatno dao. Prvi je put u svom životu koračao ponosno, uz svog oca, živeći svoju istinu. Bio je to najljepši trenutak kojeg je ikada doživio.

"Hvala ti, tata!", rekao je Daniel ocu, trenutak prije negoli su se popeli na pozornicu.

"Hvala tebi, sine! Dok sam ja tebe pokušavao naučiti kako se živi život, ti si mene naučio što je život uistinu...."

Issa

Vrata dizala su se otvorila i Issa je, žurnim korakom, ušetala u prostorije ureda.

Iste se sekunde miris njenog parfema proširio cijelim uredništvom.

Izgledala je besprijekorno, kao i uvijek. Na sebi je imala Moschinovu haljinu iz posljednje kolekcije i Jimmy Choo cipele s vrtoglavom potpeticom. Danas je odabrala jednostavnu bijelu torbicu modne kuće Chanel. Uvijek je plijenila svojom pojavom. Naposljetku, jako je puno pažnje ulagala u svoj izgled.

U ruci je držala šalicu sa Starbucks kavom, kao i svakog jutra.

Odlučnim korakom i ozbiljnog lica, Issa je koračala prema svom uredu. Zvuk njenih potpetica mogli su čuti svi u uredništvu. Po tome su svako jutro i znali da je stigla. Energija cijelog uredništva promijenila bi se istog trenutka.

"Sophie, u moj ured!", rekla je prolazeći pored njenog stola, bez zastajkivanja.

Sophie je ustala spuštenog pogleda, znajući što ovakav poziv znači.

"Zatvori vrata!", rekla je Issa zapovjednim tonom, spuštajući torbicu i kavu na stol.

"Gdje je članak koji je još sinoć trebao biti na mom e-mailu?"

Sophie je ostala na nogama, držeći pristojan razmak od njenog stola.

"Pa nemam ga. Priča nije potvrđena", tiho odgovori Sophie.

"Haloooo! Zemlja zove Sophiu! Nije potvrđena?! U kojoj si godini ti zapela? Gdje ima dima, ima i vatre. Ti je potvrdi. Izmisli izvor koji ti je potvrdio priču. Lijepo napišeš da si razgovarala s njenom bliskom prijateljicom koja ti je potvrdila aferu."

"Ali, nisam!", opet naivno odgovori Sophie.

"Vrlo dobro znam da nisi i to mi ne igra nikakvu ulogu. Nije bitno jesi li ili nisi, bitno je da čitatelji to ne znaju. Koja je svrha ovog portala Sophie?", nastavila je Issa, ne dozvoljavajući Sophie da išta odgovori.

"Pa da informira ljude", odgovori Sophie.

"Ne, Sophie! Informiranje smo ostavili za sobom, davnih sedamdesetih. Ovo je 2022. godina. Poanta je da zaradite plaće! Od informacija se ne živi, dušo! Živi se od novaca! Više klikova, više novaca! Što tu nije jasno?"

"Znači, želite da izmislim cijelu priču?", ponovno upita Sophie.

"Nećeš je izmisliti u potpunosti jer priče o njenoj aferi već kruže gradom. Ti ćeš samo malo nadograditi tu priču i napraviti je zanimljivom."

"Ali, ako napišem da sam razgovarala s nekim i da je to sada potvrđena istina, može nas tužiti."

"Može, ali neće. Javne osobe to više ne rade. Shvatile su da je pravosuđe toliko sporo i skupo i da im se ne isplati povlačiti po sudovima. Dok parnice završe, potroše više novca nego što bi dobile tužbom. Vjerojatno će se, kada vidi priču, oglasiti na svojim društvenim mrežama i to će biti to. Do tada ćemo mi već imati na stotine tisuća posjeta našem portalu i svi sretni i zadovoljni. Priča će biti zanimljiva nekoliko dana i kreće se na sljedeću. Vidi se da si nova u ovome. Naviknut ćeš se, ne brini. Kada ti sjedne prva plaća, sve će ti postati lakše i shvatit ćeš kako ovaj svijet funkcionira. Sada se vrati za stol. Za sat vremena očekujem članak na mom stolu."

U tom je trenutku Issin mobitel zazvonio.

"To bi bilo sve. Zatvori vrata za sobom", rekla je Issa, posežući za mobitelom iz torbice.

Sophie je izašla iz ureda spuštene glave.

"Amateri!", izgovori na glas, prinoseći mobitel uhu.

"Halo, Emma", javi se Issa, ugledavši ime prijateljice na zaslonu.

"Jutro, draga! Jesi li uzbuđena zbog večeras?", kroz smijeh je upita prijateljica.

"Ne stignem ni misliti na to", odgovori Issa.

"Sinoć sam bila u uredu do osam, došla kući, ubacila se u kadu i zaspala već u deset. Kada se nalazimo?"

"U osam i petnaest ću doći po tebe. Robert i Eric će doći u restoran u pola devet. Pripremi se, jako je zgodan. Robert i Eric odnedavno rade zajedno na jednom projektu i Robert je siguran da je Eric tvoj tip. Ni ja ga nisam još upoznala, ali sam ga vidjela na slikama. Baš je zgodan frajer, Issa. To bi moglo biti to!"

"Polako, Emma! Znaš moje mišljenje o muškarcima. Opreza nikad dosta. Možda zato i nisam nešto naročito uzbuđena jer se već pripremam na razočarenje. Danas je teško naći normalnog muškarca. Znaš koliko se svi plaše snažnih žena i na početku je sve kao super, a onda im kompleksi počnu izbijati van i tko bude povrijeđen?! Naravno, žena! Žena koja ni kriva ni dužna ostane izranjavana samo zato jer je sposobna i zna tko je i što želi."

"Nisu svi isti, Issa!", pokušavala je Ema popraviti tijek razgovora.

"Ako ništa, idemo nešto pojesti i popiti čašu dobrog vina."

"Da", rekla je Issa, duboko izdahnuvši prisjećajući se svih prijašnjih puta kada je, po tko zna koji put, uzbuđenje preraslo u razočarenje.

"Idem, imam posla preko glave!", pozdravila je Issa prijateljicu.

"Može! Vidimo se u osam kod tebe. Misli pozitivno", dobacila je Ema na kraju.

Radni je dan za Issu prošao kaotično, kao i brojni drugi. Svakodnevno je trebala nadzirati rad ostalih u uredništvu jer nitko od nje nije bolje znao kako se vodi portal. Podigla ga je u godinu dana, od nule do jednog od najčitanijih portala u državi.

I ona se mijenjala putem. Morala je osluškivati čitatelje i otkrivati što ih najviše zanima. I sama je krenula altruistično u taj svijet, vjerujući da će nešto moći promijeniti, ali taj je svijet, ipak, promijenio nju. Ne možeš opstati, ako ne postaneš poput drugih. I sama je vidjela da, kada bi objavili neku inspirativnu priču o nečijim poslovnim ili znanstvenim uspjesima, članak bi imao nekoliko stotina pregleda. Kada bi zadirali u nečiji privatni život, dogodila bi se eksplozija posjeta portalu.

A matematika je jednostavna. Više posjeta, više pregleda. Više pregleda, više reklama. Više reklama, više novaca. Ne živi se od zraka i lijepih vijesti, već od novaca.

Brzo je to shvatila pa se brzo i prilagodila toj činjenici.

Pogledala je na sat i vidjela da je već pola sedam. Morala je krenuti kući, ako želi stići na vrijeme spremiti se za večeru i spoj naslijepo koji su joj dogovorili Ema i Robert.

Ema je već nekoliko godina bila s Robertom i prošlog ju je ljeta zaprosio na Santoriniju. Bili su odličan par. Robert nije bio Issin tip muškarca, ali tko je? I čovjek za kojeg se udala s 25 godina pokazao se posve drugačijim nego kada su se upoznali. Posljednjih ju je godinu dana varao s kolegicom s posla. Issa nije imala pojma o tome. Beskrajno mu je vjerovala i kada je saznala, još je dugo bila u negaciji i vjerovala mu da to nije istina. Na žalost, bila je i ta ju je istina dotukla. Nakon toga nije pronašla nikoga kome bi vjerovala. Izlazila je na spojeve, ali bi vrlo brzo to završavala. Muškarcima više nije vjerovala i odlazila je na najmanji njihov potez koji joj se nije svidio ili bi joj pobudio neku sumnju.

Večeras je Ema i Robert žele upoznati s Ericom. Navodno

prezgodnim muškarcem, koji je, također, razveden. Otići će jer dugo nije bila na spoju, ali bez ikakvih očekivanja.

Tuširala se, natočila si čašu vinu koje je ispijala dok je birala što će odjenuti. Odlučila se za jednostavnu crnu Dior haljinu s jednim golim ramenom, crvene Dior štikle i crveni ruž. Jako je brinula o svom izgledu i sve je na njoj bilo skupo. Uvijek je ulazila u rasprave kada bi netko rekao da odijelo ne čini čovjeka. "Itekako čini", govorila je. "Ono si što nosiš. Odjeća je tvoja osobna karta, ona te definira", bile su riječi po kojima je bila prepoznatljiva.

Začula je zvuk poruke na mobitelu.

Ispred sam, napisala joj je Ema.

Otpila je posljednji gutljaj vina, još jednom se pogledala u ogledalo, zadovoljna onim što vidi, uzela torbicu, prebacila kaput preko sebe i izašla.

Stigle su u restoran nekoliko minuta poslije pola devet. Dok ih je konobar vodio prema stolu, Issa je osjetila uzbuđenje. Već na pola restorana ga je ugledala. Smijao se, glasno otkrivajući predivne bijele zube. Bio je odjeven u bijelu košulju i sako besprijekornog stila. Već u sljedećem trenutku pogledi su im se susreli. Issa je osjetila trnce po tijelu od njegovog pogleda. Polako je počeo ustajati kako bi je dočekao kao gospodin. I dalje ju je gledao direktno u oči, ne spuštajući pogled. Issa ga je, za razliku od Erica, spustila. Ni sama ne zna zašto. Ne sjeća da joj se to ikada dogodilo. Ali, osjećala se lijepo. Nekako neobjašnjivo.

"Dobra večer, dečki!", veselim tonom uzviknu Ema, grleći Roberta.

"Dobra večer, dame!", uzvrati Robert, ljubeći Emu u obraz.

"Issa, ovo je Eric!", nastavi Robert, pokazujući na njega.

"Dobra večer!", izusti Issa, pružajući ruku Ericu.

"Dobra večer, Issa!", dubokim glasom odgovori Eric, nježno joj stišćući ruku.

Bilo je nečeg neobjašnjivog u njegovoj pojavi. Issa je imala osjećaj da odavno nije susrela takvog muškarca. Muška snaga izbijala je iz njega u nevjerojatnoj kombinaciji s nježnošću. Bio je drugačiji od ostalih muškaraca koje je poznavala. Tamna smeđa kosa, bradica dovoljna da istakne njegovu muškost, a opet, vidno održavana. Njegovano lice i predivne smeđe oči. Mirisao je nestvarno dobro. Inače, Issa je to obožavala. Uvijek je govorila da muško treba mirisati na muško. Da joj nema ništa seksipilnije od muškarca koji za sobom ostavi mirisni trag. Imao je neku blagost u očima. Bio je drugačijih od muškaraca koji su se inače sviđali

Issi. Uvijek je "padala" na loše dečke. I uvijek bila povrijeđena putem.

Od samog je početka zauzela svoj obrambeni stav jer joj više ne pada na pamet da je još jedan muškarac povrijedi u životu. To je obećala samoj sebi.

Večer je protekla sjajno, uz mnoštvo smijeha, fantastičnu hranu, nekoliko boca kvalitetnog vina. Kada je došlo vrijeme za polazak, Ema se obrati Issi:

"Dušo, bi imala što protiv da te Eric prebaci kući?"

"Ne bih, naravno!", odgovori Issa, upućena u Emin plan da ih spoji već od početka večeri.

Vožnja s Ericom bila je ugodna. Pričao je kako je upoznao Roberta na sajmu automobila u Pragu i kako su istog trenutka postali prijatelji, a nedugo nakon toga i započeli poslovnu suradnju. Nije puno otkrivao o sebi, što se Issi i svidjelo. Sviđala joj se njegova samozatajnost i doza umjerenosti koju je imao s obzirom na prvi susret.

Kada su stigli ispred njene kuće, ugasio je automobil i izašao van kako bi joj otvorio vrata. Pružio joj je ruku pri izlasku iz automobila, a Issa je, po drugi put, večeras spustila pogled, osjećajući se poput djevojčice.

Stajali su jedno nasuprot drugog, gledajući se sada u oči.

"Hvala ti na predivnom društvu večeras", kroz osmijeh joj se obratio Eric.

"Također", odgovori Issa.

"Bit ću toliko slobodan da te zamolim broj. Htio bih te opet vidjeti."

"Dobro", odgovori Issa, vadeći svoju posjetnicu iz torbe i pružajući mu je.

Eric uzme posjetnicu, nježno joj dodirnuvši ruku.

Nenametljivo se nagne prema njoj te je poljubi u obraz.

"Laku noć, Issa". Čujemo se uskoro.

"Laku noć, Eric!", odgovorila je, tiho krenuvši prema vratima kuće.

Eric je stajao u mjestu, promatrajući je, dok nije zatvorila vrata za sobom.

Issa je iz kuće mogla čuti zvuk motora Ericovog automobila koji se sve više udaljava.

Osjetila je kako joj srce ubrzano lupa i kako joj se disanje ubrzalo.

Sjela je na mali ormarić u hodniku, pokušavajući sabrati misli nakon svega što se upravo dogodilo.

Bila je presretna da je nije pokušao poljubiti jer ne vjeruje da bi pristala na poljubac, a opet kao da je razmišljala o tome kakav bi to poljubac bio.

"U redu, Issa, prestani!", rekla je naglas. "Ne zanosi se. Svi su oni divni pri prvom susretu. Onda se pretvaraju u noćne more. Tu igru sa mnom nitko više neće igrati. Gotovo!", izgovorila je ponosno, ustajući se i skidajući kaput i cipele.

Natočila si je još jednu čašu vina i krenula prema kupaonici.

Sutra je subota i ne ide u ured. Opustit će se u kupci i spavati koliko joj duša želi.

Legla je u kadu, pripremajući se da uživa u tišini, iz koje je odjednom trgne zvuk poruke.

Uzela je u ruke mobitel koji je stajao uz kadu i vidjela poruku s nepoznatog broja.

Hvala ti još jednom za predivnu večer. Beskrajno sam uživao u tvom društvu. Ako si i ti bar jednu sekundu pomislila na mene od kada smo se rastali, smatrat ću da je i tebi bilo

ugodno. Molim te, ako ti na bilo koji način moje poruke stvaraju nelagodu, slobodno mi reci, a ja ću se već unaprijed pripremiti da takva poruka od tebe neće doći jer vjerujem da i ti misliš kako je naše vrijeme tek počelo. Eric

Issa je gledala u poruku, ne trepćući i ne dišući. Ponovno je osjetila uzbuđenje koje ne želi osjećati. Opet ju je iznenadio svojim potpuno neočekivanim postupkom. Poslao joj je poruku 30 minuta od kada su se rastali. Pokušavala se sjetiti je li to ikada prije doživjela od muškarca i naravno da nije. Ne da nije, nego je uvijek trebala čekati i po nekoliko dana da se muškarac javi nakon prvog spoja. Poslije je shvatila da je to igra alfa muškaraca koje kao nije briga i pokušavaju natjerati ženu da misli na njih i da se pita hoće li se javiti. Na tu je igru bila naviknuta. Na ovakvog muškarca nije.

Pitala se što napraviti sada? Odgovoriti mu ili ne? Ova joj je igra bila nepoznata.

Odlučila je ne odgovoriti mu. Pustit će ga da misli da je zaspala.

Vrijeme je da se mene malo čeka, pomislila je, odlažući mobitel sa strane.

Ležala je u kadi, s bezbroj misli u glavi. Osjećala se sve lošije i tužnije. Kroz glavu su joj prolazile sve boli koje je prošla s bivšim suprugom i muškarcima nakon njega. Uvijek je samo željela biti voljena i živjeti ljubav, a nikako joj to nije polazilo za rukom. Suze su joj krenule niz obraze i počela je glasno plakati. Kao da je bol koju je osjetila postala neizdrživa i morala je to izbaciti iz sebe.

"Bože!", uzviknula je, kroz suze.

„Ako me čuješ, molim te pomozi mi. Pomozi mi da ne budem više povrijeđena i da na vrijeme prepoznam što je za mene, a što ne. Ako te ima, sada je vrijeme da budeš tu za mene", govorila je, brišući suze s lica.

"A za to je potrebno čudo!", izgovorila je sarkastičnim tonom, duboko izdišući i potpuno zaranjajući u kadu.

Issa je još bila u krevetu, kad je začula zvono na vratima. Uzela je mobitel koji se nalazio na noćnom ormariću i vidjela da je deset sati.

Tko je sad, usred subote ujutro?!, pomislila je. Ustala se, obukla kućni ogrtač, ubacivši mobitel u džep, navukla papuče i spustila se stepenicama kako bi otvorila vrata.

Kada je otvorila vrata, ugledala je starijeg čovjeka, od nekih osamdesetak godina.

"Izvolite", rekla je nestrpljivo i ljuto.

"Dobro jutro! Oprostite na smetnji. Tek sam se doselio i nemam još ništa u kući. Biste li bi bili ljubazni da mi date malo šećera da mogu popiti čaj?", upita je čovjek.

"Gospodine, probudili ste me, i to na jedan od rijetkih dana kada mogu spavati koliko želim", odgovori Issa grubo, zatvarajući mu vrata pred nosom bez pozdrava.

Vidno iznervirana, krenula je natrag na kat, kad opet začuje zvono.

Opet je otvorila vrata još nervoznija nego maloprije i ponovno ugledala istog čovjeka na vratima.

"Ja sam Tallis", odgovori djedica mirno, kao da mu je Issa otvorila vrata po prvi put.

"Doselio sam se u kuću nasuprot Vašoj. Oprostite, molim Vas ako Vam smetam, biste li bili ljubazni da mi date malo šećera da mogu popiti moj jutarnji čaj?"

Issa nije mogla vjerovati što se događa. Zar ovaj čovjek ne shvaća da joj smeta?! Ni na kraj pameti joj nije bilo da se upoznaje sa susjedima i održava površne dobrosusjedske odnose. Nije ona imala vremena za to.

"Probajte kod nekog drugog", rekla je oštrim tonom, ponovno zatvarajući vrata.

Ovog puta nije krenula prema sobi te je pričekala da vidi hoće li se zvono oglasiti još jednom. Kako je prošlo nekoliko trenutaka, a to se nije dogodilo, Issa se približila prozoru i vidjela djedicu kako prelazi cestu i ulazi u kuću točno nasuprot njenoj.

Ta je kuća već dugo bila prazna. Nije ni znala da se netko doselio u nju. Djedica je ušao u kuću, zatvorivši vrata za sobom.

Napokon, pomisli Issa, sada već potpuno budna. Nema smisla vraćati se u krevet, pomisli i krene u kuhinju, skuhati si kavu.

Ponovno začuje zvono na vratima.

Sada je već bila bijesna.

Uhvatila je kvaku od vrata i dok je otvarala, već je bijesno govorila:

"Pa dobro, jeste li Vi normalni?!"

Na vratima ponovno ugleda istog čovjeka koji je sada držao dvije šalice u rukama.

"Dobro jutro", rekao je potpuno mirnim glasom, opet kao da je vidi prvi put.

"Ja sam Tallis. Doselio sam se jučer u kuću nasuprot Vas. Jeste li slobodni da zajedno popijemo jutarnji čaj? Čaj je spreman, samo treba dodati malo šećera."

Issa nije mogla vjerovati čemu svjedoči. Je li ovaj čovjek pobjegao iz ludnice? Što mu nije jasno?

"Gospodine!", rekla je ljutito.

"Nisam za čaj, a pogotovo ne s Vama!"

"Tebi je upravo to najpotrebnije danas", mirnim glasom odgovori čovjek.

"Molim? Što Vam to znači?", upita ga Issa.

"Da ti je itekako potreban razgovor s nekim", odgovori čovjek.

"O čemu Vi pričate, tko ste Vi?"

"Netko tko vidi tvoju bol. Tko vidi zidove koje si podigla, misleći da ćeš se tako zaštiti, ne shvaćajući da si bol zazidala sa svoje strane zida."

Issa je ostala bez teksta. Gledala je u ovog čovjeka sijede kose i dubokih plavih očiju. Nije bio strašan, upravo suprotno od toga. Izgledao je benigno i plaho. A opet je zračio nevjerojatnom snagom i mudrošću. Issa i dalje nije progovarala, pokušavajući procesuirati ono što je upravo čula.

Čovjek je nastavio: "Vjeruj mi na riječ. Popij čaj sa mnom. Ni ne shvaćaš koliko ti je to potrebno ovaj tren. Ja vidim tko si. Znam tko si."

Issa više nije znala što da kaže. Osjećala je kako se predaje. Otvorila je širom vrata, pokazujući rukom ovom čovjeku da uđe.

Tallis je ušetao u kuću i sjeo na kauč.

Issa je još uvijek stajala pored vrata, potpuno zbunjena scenom koja se upravo odvijala.

"Može sada onaj šećer?", Tallis joj se obrati kroz osmijeh.

Issa je otišla po šećer i žličicu i donijela ih u dnevni boravak. Odložila ih je na stolić i sjela na kauč nasuprot Tallisa, i dalje ne progovorivši ni riječ.

Issa je i dalje bila potpuno zbunjena. Nije sebi mogla objasniti zašto je ovog čovjeka pustila u kuću, a, opet, kao da je to bilo jače od nje.

Stavljajući šećer u čaj, Tallis je pogleda, nježno joj se nasmiješi i kaže:

"Issa, jesi li ti sretna žena?"

Issa je bila zbunjena. On je znao njeno ime, a vjerojatno i puno više od toga. Više se nije mogla boriti, kako ni s njim, tako ni sama sa sobom. Odlučila se prepustiti ovom neobičnom trenutku, računajući da će tako brže završiti.

"Naravno da sam sretna. Kakvo je to pitanje?!", odgovori nervozno, stavljajući šećer u čaj ne bi li sakrila nervozu jer se istog trenutka sjetila svojih suza sinoć u kadi.

"Kako znaš da si sretna?", upita je ponovno Tallis.

"Zato jer imam sve što sam željela i mogu si priuštiti sve što poželim", odgovori Issa.

"A što ako bez toga ostaneš?"

Što ovaj čovjek priča, kakva su mu ovo pitanja?, pomislila je u sebi.

"Zašto bih ostala bez toga?"

"Zato jer je to moguće, zar ne? Zar ne poznaješ ljude kojima se to dogodilo? Da su jednom u životu bili na vrhu, a onda, spletom okolnosti, pali na dno?"

"Pa da, naravno da ih poznajem, ali kakve to veze ima sa mnom?! Meni se to ne može dogoditi."

"Sve se može dogoditi, Issa! Život je nepredvidiv i upravo to je njegova ljepota."

"Pa dobro, recimo da može. I što s tim?"

"A bi li i dalje bila sretna?"

"Pa naravno da ne bih bila sretna da ostanem bez svega što imam."

"Točno! Misliš da si sretna sada jer misliš da je sreća u tome što imaš. Poslušaj sebe što si rekla. Sretna si jer imaš, jer posjeduješ. A ako ostaneš bez toga, ne bi više bila sretna. Ti misliš da je sreća u imanju. I zato nisi uopće sretna zapravo."

Issi se ovaj razgovor nije sviđao. Što si je ovaj čovjek umislio? Odakle mu prava postavljati joj ovakva pitanja i govoriti joj da nije sretna.

"Kada si posljednji put plakala?", Tallis nastavi s pitanjima.

Issa ga je gledala, pokušavajući dokučiti čita li ovaj čovjek misli i kako zna koliko je sinoć bila tužna. Da li da laže? Što da radi?

"Ja ne plačem", odgovori mu, spuštajući pogled.

"Suze su za slabe ljude."

"Uh, koliko je to netočno", odgovori Tallis, ispijajući još malo čaja.

"Suze su izraz naše duše. A samo su snažni ljudi u doticaju s njom. Znaš li kolika je hrabrost potrebna za vidjeti duboko unutar sebe i ogoliti se pred našom dušom. Ranjivost je odraz snage. Upravo se najsnažniji ljudi ne boje biti ranjivi. Ali, njihova se snaga očituje upravo u sposobnosti da kroz ranjivost rastu i postaju jakima. I ti si sinoć bila ranjiva, zar ne?"

Issa je bila potpuno šokirana. Zar ovaj čovjek čita njene misli? Kako je znao da je sinoć plakala u kadi?

Issa ga je gledala, ne odgovarajući ništa.

"Issa, vjeruj mi. Samo mi vjeruj", Tallis izusti glasom punim nježnosti. "Prestani se boriti. Kako sa mnom, tako i sama sa sobom. Opusti se. Opusti i prepusti, ništa loše ti se neće dogoditi. Gledaj me kao tvog najboljeg prijatelja ovaj tren jer ja to i jesam. Znam da ne shvaćaš još uvijek što se događa, ali sada je potrebno da slušaš svoje srce. Poslušala si ga onaj tren, kada si me pustila da uđem. Poslušala si isključivo svoje srce jer mi je tvoj um zatvorio vrata dvaput. Srce me je pustilo unutra. Poslušaj i sada svoje srce. Što ti govori?"

Issi su na ove riječi suze krenule niz obraze. Nije ih mogla zaustaviti. O, kako su je ove riječi pogodile. Ovaj ju je nepoznati čovjek ovog trenutka podsjetio na njenog tatu koji joj je tako beskrajno nedostajao. Samo je njen tata znao s njom ovako razgovarati. Samo je on vidio njeno srce i uvijek joj govorio da ga sluša. Ali, njega nema od Issine dvadesete godine. Jednog ga jutra jednostavno više nije bilo. Vraćajući se rano ujutro iz trgovine, doživio je infarkt pred ulaznim vratima njihove kuće. Issa je tada spavala i poslije joj nisu dozvolili da ga vidi. Upravo su posljednje riječi njenog tate upućene njoj noć prije i bile da slijedi i sluša svoje srce. A njegovo srce je izdalo njega. Taj je dan promijenio Issu i sa svojim srcem od tog dana više nije htjela imati apsolutno ništa.

Issa je i dalje plakala. Tallis ju je pustio. Znao je da suze ispiru dušu i da su uvijek iscjeljujuće.

"Ja sam odavno prestala slušati svoje srce", odgovori kroz suze Issa.

"Ne vjerujem srcu jer je upravo srce iznevjerilo mog oca. Najdivnijeg čovjeka na svijetu koji je uvijek mislio na sve, osim na sebe. Da je srce pošteno, moj bi tata još uvijek bio živ."

"A što, ako je upravo zbog toga što se toliko davao svima

istrošio svoje srce?", upita je Tallis.

Issa ga pogleda, kao da mu pogledom govori da ne razumije što priča.

"Znaš kako ljudi često govore kako je Bog nepošten jer, da je pošten, dobri ljudi ne bi umirali. I često se pitaju kako je moguće da se upravo ljudi koji misle na sve, osim na sebe, umiru od raznih bolesti ili srčanog udara?"

"Da, upravo to je i moje pitanje."

"Zato jer takvi ljudi zaborave na sebe. A ljubav prema sebi najvažnija je za sretno srce. Živimo u svijetu u kojem ljudi dobrim ljudima zovu one koji se konstantno daju drugima i ne znaju reći ne. A to je, zapravo, iskorištavanje ljudi. Ne postoji osoba kojoj ne dođe u nekim trenucima reći *ne* drugima. Ali, ljudi koji su sebe zaboravili, zaboravili su i kako reći *ne*. I tako govore svima *da*, rade sve što ih drugi pitaju, daju se drugima stopostotno i potpuno zapostave sebe, svoje želje, svoje radosti i sve ono što bi njih istinski veselilo. I tako zaborave na svoje srce. Svaki put kada drugima kažu *da*, sebi kažu *ne*. A tako se troši srce. Ono vene."

Issa ga je slušala, kao da je pod hipnozom. Nikada nije razmišljala na ovakav način. A tako ima smisla sve što je sada čula. I osjećala je da je u pravu.

Tallis ju je opet neko vrijeme pustio u tišini. Znao je da prebire svoje misli koje su se ovaj tren uzburkale. Znao je kako je to kada ljudi po prvi put saznaju da postoji drugačiji pogled na život. U tom im trenu kristalno jasno pokazuju njihova duboka uvjerenja koja imaju na tu temu i potrebno je vrijeme da se maglica koja im je dugo godina bila pred očima rasprsne.

"Ja ne znam što mi moje srce govori", tiho odgovori Issa.

"Prestala sam ga slušati."

"Vrati mu se, Issa! Tvoje srce nikada nije prestalo razgovarati s tobom. Samo ga je tvoj um nadjačao. Što više budeš utišavala um, sve ćeš jasnije čuti svoje srce. Koji se dijalog vodi u tebi sada, Issa? Prepričaj mi ga."

Issa je sada bila spremna potpuno se prepustiti ovom razgovoru.

"Um mi cijelo vrijeme govori da nisam normalna što sam Vas pustila u stan. I što ja ovdje sada radim i zašto uopće sjedim s Vama, a istovremeno kao da osjećam da trebam. Od kada ste sjeli kod mene, kao da me nešto vuče k Vama i ovom razgovoru. Ne mogu to baš objasniti. Kao da u dubini sebe znam da su Vaše namjere plemenite, a istovremeno sam zbunjena ovim trenutkom koji nije baš normalan."

"E, bravo!", odgovori joj Tallis, zapljeskavši.

"To je to. Vidiš kako se cijelo vrijeme u tebi vodi dijalog srca i uma. Samo da nešto razjasnimo. Kada kažem srce, ne mislim na organ. Budimo realni, srce je samo organ, poput jetre, bubrega i mozga. Nema on neke čarobne moći. Ali je jako važan organ. Jer prvi pokazuje da je život započeo i kada prestane s radom, naš život završava. Kada kažem slušaj svoje srce, mislim na tvoju dušu. Na onaj cijeli sklop emocija koje te čine ljudskim bićem s empatijom i osjećajima. Razumiješ li to?"

"Da, razumijem."

"Kako bi istinski razumjela život trebaš naučiti slušati, kako um, tako i srce. Jer nije ni um uvijek u krivu. Najvažnije je naći balans između ovo dvoje. Razlučiti kada je um u pravu, a kada nije. Ja sam mogao stvarno biti neki luđak koji je želio ući u tvoju kuću i napraviti ti tko zna što, ali tada ne bi vodila ovaj dijalog srca i uma. Razumiješ li? Da je to bilo tako, tvoje srce bi to znalo i ne bi se javljalo. Vratimo se mi na moje pitanje od maloprije pa ćeš i tu vidjeti kako izgledaju ti dijalozi. Jesi li plakala sinoć?"

"Da, odgovori Issa", spuštajući pogled.

"A, možeš li mi reći zašto si plakala?"

Issa je nekoliko trenutaka šutjela, kao da se pokušava sjetiti točnog razloga.

"Sve mi se skupilo odjednom. Sinoć sam upoznala predivnog muškarca koji cijelu večer nije rekao pogrešnu rečenicu, koji se ponašao kao pravi gospodin, koji mi je sinoć odmah nakon rastanka poslao predivnu poruku, a ja mu od straha nisam odgovorila. Plakala sam jer sam se sjetila svih onih puta kada sam vjerovala u ljubav i davala cijelu sebe, a uvijek na kraju bila povrijeđena. Zato sam plakala. Jer želim voljeti i biti voljena, a strah me prepustiti se ljubavi. Jednostavno se bojim."

Zadnju je rečenicu Issa izgovorila tiho izdišući, kao da je to bio izdah olakšanja jer je napokon izgovorila sve ono što je muči već dugo.

"Šta je to čega se bojiš?", upita Tallis.

"Bojim se da ću opet biti povrijeđena."

"Znaš li zašto se bojiš?"

"Znam! Jer sam to već doživjela."

"Ne! Plašiš samu sebe!"

"Kako to mislite? Ne plašim ja sebe. Bojim se da mi se opet ne dogodi ono što mi već prije dogodilo. Plaši me pomisao da opet vjerujem nekome, a da me taj netko povrijedi."

"Hajde, stani na trenutak! Jednostavno zaustavi sve. Samo diši i gledaj me u oči."

Issa je duboko udahnula i pogledala Talissa ravno u oči.

"Očisti glavu od svih misli. Samo me gledaj. Probaj ne razmišljati o meni, iako me gledaš. Nemoj donositi zaključke o mojoj kosi, boji kože, očiju itd. Samo me gledaj, bez ijedne misli."

Issa je pokušavala napraviti kako je on rekao. Kako je samo znao da je istog trenutka počela razmišljati o tome što vidi. Kako da ne zaključi da ima sijedu kosu kada je vidi.

"Samo me gledaj!", nastavio je Tallis.

"Da, doći će ti neka misao o meni, ali prepoznaj je i skloni. Jednostavno je pusti da prođe. Ne bori se s njom. Primijeti je i pusti da prođe. Ne zadržavaj se na njoj. A posebno osvijesti trenutke bez misli. Kada osjetiš da samo gledaš i postojiš."

Issa ga je poslušala. Gledala je u njegove oči, primjećujući svoje misli. Bože, koliko ih je imala! Primijetila je misli o njegovoj kosi, boji njegovih očiju. O borama koje je vidjela, o njegovim nosnicama koje su se širile kako je disao. O njegovim usnama, zubima, bradi. I radila je sve kako joj je rekao. Primjećivala je svoje misli. Kao da ih je promatrala.

Tallis je šutio i samo je promatrao.

Stajali su tako neko vrijeme, kad Tallis odjednom progovori:

"Osjećaš li strah sada?"

"Ne!"

"A zašto si ga osjećala prije pet minuta, a sada ne?"

"Pa nema me ovaj trenutak čega biti strah."

"Tako je! A zašto nema?"

"Zato što gledam u Vas i ne razmišljam o ničemu."

"Točno! Ne razmišljaš. A ako sada počneš razmišljati o Ericu, hoće li te opet uhvatiti strah?"

"Vjerojatno."

"A zašto?"

"Zato što kad god pomislim na Erica, javi mi se strah."

"Netočno!"

"Kako netočno, kad je točno! Čim počnem razmišljati o tome kako mi je bilo lijepo s njim, počnem se osjećati loše i hvata me strah."

"Nije istina, Issa! Jer da zaista misliš na Erica i to koliko ti je lijepo bilo s njim, osjećala bi se predivno. Kada počneš misliti na Erica, izlaziš iz sadašnjeg trenutka – u prošlost ili budućnost. Nema to veze s Ericom. Eric je ostao u sadašnjosti. Ti si otišla iz nje. Ne plaši tebe ni Eric ni ljubav! Kao što rekoh, ti plašiš samu sebe!"

"Pojasnite mi, molim Vas!"

"Strah nije ništa drugo doli emocija izazvana mislima. I to emocija koju mi izazivamo sami sebi. Evo primjera. Bojiš li se neke životinje?"

"Da, plašim se pasa. Kada sam bila mala, ugrizao me susjedov pas i od tada, kada god vidim psa, osjetim strah."

"Eto, odlično! Kada vidiš psa, ti istog trenutka odeš u prošlost. Sjetiš se sebe dok si bila dijete i kako te ugrizao pas. Kamo ti ideš kada vidiš psa?"

"U prošlost."

"Točno! Je li te ugrizao pas kojeg si jučer vidjela?"

"Nije."

"A ipak si osjetila strah, zar ne?"

"Da!"

"Vidiš, ne plaši tebe taj pas. Ti si uplašila samu sebe, napuštajući sadašnji trenutak i vraćajući se u prošlost. A zbog te prošlosti odlaziš i u budućnost jer unaprijed zamišljaš scenu u kojoj te i ovaj pas napada. Tvoja je prošlost izazvala tvoje misli o budućnosti koje se uopće nisu dogodile, a ti si ih u sebi proživjela. Shvaćaš li? Tvoj strah nema veze s psom kojeg vidiš. Strah je posljedica tvojih misli koje imaš kada ugledaš psa. Ista je stvar i s Ericom. Kada pomisliš na njega, odeš u prošlost u kojoj si bila povrijeđena, a onda odeš u budućnost u kojoj će ti Eric napraviti isto to. A tvoj strah nema apsolutno nikakve veze s Ericom. On, ni kriv ni dužan, ispašta posljedice tvojih misli, a ne svojih djela."

Issa je šutjela. Tallis je bio u pravu. Eric je jučer bio predivan prema njoj. Zaista mu ne može naći nijednu zamjerku ovaj tren, a ponaša se prema njemu kao da je već napravio nekoliko pogrešnih koraka.

"Što da radim?", upita Issa.

"Ne izlazi iz sadašnjeg trenutka. Pogotovo ne u ljubavi. Rekla si da ti je Eric sinoć poslao poruku. Hajde, odgovori mu sada!"

Issa je posegnula u džep svog kućnog ogrtača i izvadila mobitel.

"Kako si se uistinu osjećala kad si primila njegovu poruku

i pročitala je? Sjeti se kako si se osjećala prije negoli su te misli odvele u prošlost."

"Osjećala sam se lijepo. Osjetila sam se posebnom. I iznenađeno jer nisam navikla da mi muškarac pošalje poruku istu večer nakon našeg prvog susreta. I poruka je bila lijepa, umjerena i puna osjećaja. Dao mi je do znanja da sam mu se jako svidjela i da me želi ponovno vidjeti."

"I što bi mu odgovorila srcem?"

"Odgovorila bih mu da se i on meni jako svidio i da je predivno od njega da mi se odmah javio. Odgovorila bih da mi uopće ne smeta."

"I hoćeš li mu tako odgovoriti?"

"Ne vjerujem. Ne ide to baš tako u ljubavnim odnosima."

"Nego, kako ide, Issa?"

"Pa treba biti malo i proračunat. Igrati igrice. Ne smije se odmah pokazati da ti je stalo. Ako pokažeš da ti je stalo, odmah nestanu."

"Nestanu krivi, Issa. Oni s kojima ne bi ni bila sretna. Ako muškarcu pokažeš osjećaje, a on nestane, jesi li išta izgubila? Zar ti nije time napravio uslugu? Zar ti nije odmah pokazao da je to muškarac koji se ne zna nositi s iskazivanjem osjećaja?! Kako uopće možeš misliti da si ti tu nešto izgubila?!"

Tallis je opet bio u pravu, pomisli Issa. Kako samo ovaj čovjek vidi stvari potpuno drugačije od nje.

"U ljubavi se ne može gubiti, Issa. Možeš imati osjećaj da nešto gubiš, ali kada shvatiš da gubiš samo ono što nije ni bila ljubav, počinješ vidjeti stvari onakvima kakve jesu. A to je da ništa ne gubiš. Da uvijek dobivaš. Ili dobiješ ljubav ili spoznaju da to ljubav nije. Ako pošalješ Ericu poruku iz srca, odmah ćeš vidjeti kakvu ćeš poruku dobiti natrag. Puno će ti toga biti jasnije. I ako ti sadašnji trenutak s njim bude lijep, uživaj u njemu. Sadašnji trenutak i jeste sve što istinski imaš. Ljudi ga propuštaju. Žive u mislima i strahovima. I umjesto da im u sadašnjem trenutku bude lijepo, žive u nekim proračunatim i iskalkuliranim trenucima, uvijek čekajući nešto. A to nešto što čekaju nikada neće doći. Jer već se nalaze u tome što čekaju. A to je sadašnji trenutak. Kojeg propuštaju."

"U redu", odgovori Issa pripremajući se da odgovori Ericu na poruku.

Tallis se nasloni na kauč, ispijajući čaj.

Nekoliko su trenutaka sjedili u tišini.

Issa je tipkala poruku bez zaustavljanja.

"Mogu li Vam je pročitati prije nego je pošaljem?", upita sramežljivo.

"Naravno!"

Dragi Eric, hvala ti na predivnoj poruci. Zaspala sam sinoć čim sam došla kući pa, evo, sada odgovaram...

"Opet ti se um umiješao!", prekine je Tallis.

Issa je točno znala zašto je to rekao. Da, lagala je Ericu da je zaspala, a više se nije niti pitala kako je Tallis to znao. Sad je već znala da je ovaj čudan čovjek u njenoj kući mnogo više od običnog čovjeka.

"U redu", reče Issa, brišući poruku i ponovno tipkajući neko vrijeme u tišini.

Dragi Eric, hvala ti na predivnoj poruci. Naravno da ne smetaš. Dapače, jako sam sretna što si se odmah javio. Lijepo od tebe. I ti si se meni jako svidio i svakako se i ja radujem našem novom susretu i vremenu koje je pred nama.

"Odlično!", reče joj Tallis zadovoljno.

"A sada to pošalji."

Issa je duboko udahnula i kliknula na tipku za slanje.

"Poslano!", izustila je, nesigurna što će se sada dogoditi.

"Ja sada idem", rekao je Tallis, dok se ustajao.

"Hoćemo li opet piti čaj zajedno?", upita ga Issa, dok je ustajala da ga isprati.

"Naravno da hoćemo!", odgovori joj Tallis, upućujući joj nježan osmijeh.

"Mogu li Vas zagrliti?", upita ga Issa.

Tallis je bez riječi raširio ruke i Issa ga zagrli snažno, s puno nježnosti.

"Hvala, Tallis. Hvala Vam na ovome."

"I drugi put, Issa. Nisam li ti rekao da ti je ovaj čaj sa mnom bio prijeko potreban?"

"Da, jeste. I opet ste bili u pravu. Jako sam sretna što sam Vas upoznala."

"Vidimo se uskoro!", reče Tallis izlazeći iz Issine kuće.

"Vidimo se", odgovori Issa.

Ostala je stajati na vratima, promatrajući Tallisa kako prelazi cestu i ulazi u kuću.

U tom trenutku začuje zvuk poruke.

Istog joj trenutka je srce počelo uzbuđeno tući jer je pomislila da joj je Eric pisao.

Uzela je mobitel i, gledajući u zaslon, razvukla osmijeh preko cijelog lica. Bio je to Eric.

Draga Issa. Ovo subotnje jutro postalo je sada još ljepše. Hvala ti što si se javila.

Ja sam danas slobodan pa sam se pitao bi li možda otišla sa mnom na jedan piknik u prirodu?

Issa je bila presretna. "Naravno da može!", izgovorila je na glas i počela se smijati sama sa sobom. Nije dozvolila mislima da je zaustave ili sabotiraju. Hoće, slušat će svoje srce da vidi što će se dogoditi. Ne sjeća se kada je to posljednji put napravila. Što ako je to put? Što ako je to jedini pravi put?

Dragi Eric, može! Vrlo rado. I ja sam slobodna danas i vrlo bih rado s tobom pošla na piknik. Mogu biti spremna za sat vremena.

Za nekoliko trenutaka stigla je povratna poruka od Erica

Dogovoreno! Dolazim po tebe za sat vremena! Znam gdje. Tamo gdje sam sinoć poljubio najnježnije lice na svijetu.

Issa se rastopila. Imala je osjećaj da lebdi. Otrčala je u sobu spremiti se.

Eric je stigao po nju za točno sat vremena. Čekao je pored automobila i kada je izašla, prišao joj je i poljubio joj ruku. Issa je ponovno osjetila onaj njegov neodoljivi miris. Imao je široki osmijeh na licu i zračio je nekom divnom energijom.

"Spremna?", upita je Erik otvarajući joj vrata od automobila.

"Spremna!", odgovori Issa kroz osmijeh, zavodljivo ga gledajući.

Mozak joj je radio tristo na sat. Opet je mogla osjetiti lupanje srca, ali ovog se puta osjećala drugačije. Nije dozvolila umu da je sabotira. Obećala je sebi da će poslušati Talissove riječi i neće izlaziti iz sadašnjeg trenutka. Pored nje je bio predivan muškarac koji, ni jednim svojim potezom, nije napravio ništa što bi ukazivalo na to da će biti povrijeđena. I odlučila je ostati tu. U sadašnjosti. Jedino tu i je istina.

"Kamo me vodiš?", upita ga Issa, zabacujući kosu na jednu stranu i stavljajući sunčane naočale.

"Na jedno predivno mjesto. Vjeruješ mi?"

"Da!", odgovori Issa, duboko uzdahnuvši jer je uistinu osjetila istinitost svojih riječi.

Vozili su se nekih tridesetak minuta i pritom uživali u razgovoru o svemu i svačemu.

Issa se sve više opuštala.

Stigli su u predivan otvoreni park, u kojem Issa nikada nije bila.

Kada su izašli iz automobila, Erik je otvorio prtljažnik i izvadio deku i košaru koje je pripremio za piknik.

Issa je bila oduševljena. Oduvijek je voljela osjećati se vođeno od strane muškarca. Obožavala je osjetiti se sigurno i da se može prepustiti.

Našli su predivno mjesto pored jezera. Erik raširi deku i otvori košaru. U košari je bila boca bijelog vina, dvije čaše te malo grožđa i predivnog talijanskog sira.

"Opustite se, gospođice", rekao joj je Eric, pokazujući da slobodno sjedne, a on je sve servirao i pripremio za njih.

Issa je izula cipele i sjela. Nije skidala osmijeh s lica. Uživala je u svakom trenutku s Ericom.

Eric je otvorio bocu vina i natočio im u čaše.

"Pa da nazdravimo!"

"Čemu?" upita Issa, znajući da je Eric prepoznao njenu vrckavu namjeru.

"Budućnosti! Ali, i ovom trenutku koji će nas, vjerujem, tamo dovesti."

Issa je opet bila oduševljena. Kako li je samo uvijek točno znao što treba reći?

"Pitaj, Issa, opusti se i pitaj što god želiš."

"Što god želim?"

"Da, predlažem da krenemo iskreno od prve sekunde."

"Pa dobro! Kako to da si sam?"

"Tako sam odabrao do sada. Jer ne želim pristati na manje od onoga što znam da mogu imati. Kada sam uvidio da moja bivša supruga ima potpuno drugačije poglede na život od mene, odlučio sam da je bolje da se rastanemo nego da idemo kroz život puni ogorčenja. Ne samo ja, nego bi ogorčena postala i ona. Ja sam postajao sve nezadovoljniji, a takav ne bi mogao biti najbolji suprug, što želim biti. Ona bi to itekako osjećala, a time i postajala sve nesretnijom. I onda bi upali u taj začarani krug dvoje nesretnih i frustriranih ljudi. Jednostavno nismo bili kompatibilni i što smo duže bili zajedno, toga sam postajao sve svjesniji. Ja sam netko tko, na primjer, nikada ne kasni, a njoj je kašnjenje bilo srednje ime. Svaki put, kada bi je satima čekao, postajao sam sve frustriraniji i prigovarao joj. Ona bi mi odgovarala da je kašnjenje nešto normalno i da je problem u meni. I tu bi dolazilo do svađa. I tako iz dana u dan. Ja sam jako organiziran i ambiciozan, netko tko želi iskoristiti sve svoje potencijale i vjeruje da to i može, dok se ona zadovoljavala s malo i nikada nije težila iskusiti sve ljepote koje život nudi. Svaki joj je dan izgledao isto. Spavala je do ručka, bila budna do tri sata ujutro pa smo se uskoro počeli mimoilaziti i skoro se nismo ni viđali. Ja sam htio djecu, njoj je to bila prevelika odgovornost i smatrala je da to neće moći. I još mnogo toga. Naprosto je bilo bolje to završiti nego se mučiti do kraja života, okrivljavajući se međusobno. Ili je, ne daj, Bože varati. To sebi nikada ne bih dozvolio. Ja ne radim drugome ono što ne želim da netko napravi meni. Kada smo se razveli, obećao sam sebi da više neću pristati na manje od onoga što znam da je meni bitno u partnerskom odnosu. Točno znam kakve poglede želim da moja buduća partnerica ima na život."

Issa ga je pozorno slušala. Bila je oduševljena njegovim riječima i pogledom na život.

"A što je za tebe prevara?"

"Sve ono što ovaj drugi ne bi napravio da mu je partner pored njega!"

"Aleluja!", uzvikne Issa i Eric se počne glasno smijati.

"To je točno ono što i ja cijelo vrijeme govorim. I dan danas me prijateljice pokušavaju uvjeriti da postoje razne vrste prevare i da neke prevare i nisu baš strašne, ali ja jednostavno to ne mogu prihvatiti u vezi i odnosu. Za mene je prevara točno to što si rekao. Sve ono što radim, a ne bih da je moj partner tu. Točka. Nema tu razina ni vrsta ni podvrsta."

"Slažem se", odgovori Eric, gledajući je u oči nježno, kao da joj pogledom govori da mu se sviđa njen način razmišljanja.

"Jesi li oprezna u ljubavi?", upita je Eric.

"Hm...", započne Issa, sjetivši se Tallisa.

"Moram priznati da sam bila, do jučer. I sama sam bila prevarena, te sam postala oprezna. Zaklela sam se sebi da me nitko više neće povrijediti. Ali sam i shvatila da, ako ljubavi pristupam oprezno, kako da onda živim ljubav. Umara me to konstantno razmišljanje o svakom mom sljedećem postupku. Onda ne živim srcem, već umom. Tako bih se voljela opustiti i prepustiti ljubavi. Duboko u sebi znam da je ljubav lijepa i da, ako negdje boli, to ljubav nije."

Eric ju je zaljubljeno gledao. Sviđalo mu se što se otvara pred njim i pokazuje mu koliko je ranjiva.

Dva su sata pričali, bez ikakve kalkulacije, oboje potpuno otvoreni da možda i danas shvate kako nisu jedno za drugo. Ali, to se nije događalo. Što su više razgovarali, sve su više bili sigurni kako su pronašli drugi dio sebe.

Issa je cijelo vrijeme u glavi imala Tallisove riječi i točno je mogla prepoznati dijalog između uma i srca. I svaki put, kada bi je um pokušao sabotirati, uspjela ga je utišati. Ne sjeća se da je ikada s ijednim muškarcem vodila ovako iskren i otvoren razgovor.

Sa svakom sljedećom minutom Eric joj se sve više sviđao. Nikada nije upoznala ovako iskrenog, ranjivog i, istovremeno, snažnog muškarca. Opet se sjetila Tallisovih riječi da je ranjivost izraz najveće snage i točno je tu snagu mogla vidjeti u Ericu.

"Issa", nastavi Eric, uzimajući joj ruke u svoje.

"Ja sam danas ovdje s tobom samo iz jedne želje. Iz želje da živim ljubav. Ja sam netko tko ne igra igre, tko će radije voljeti i biti povrijeđen sto puta, nego netko tko nikada neće voljeti. Kako ćemo znati je li osoba prava za nas, ako ne budemo ono što zaista jesmo. Nije kraj svijeta shvatiti da su osobe različite i da nisu kompatibilne. Za mene bi kraj svijeta bio ne pokušati. Idemo se prepustiti Issa! Idemo uživati u svakom trenutku bez kočnica, proračunatosti, odlazaka u prošlost i daleku budućnost. Ostanimo u sadašnjosti, pa ćemo vidjeti što će se dogoditi. Što kažeš? Hoćeš li biti moja djevojka koju ću ludo voljeti, biti iskren prema njoj, vidjeti najljepši dio nje u svakom trenutku i uvijek reći kako se osjećam, istovremeno osluškujući tvoje osjećaje. Hoćeš li biti moja najbolja prijateljica i djevojka istovremeno?"

Issa ga je gledala bez treptanja. Nije mogla vjerovati onome što čuje. Nikada nije doživjela da joj jedan muškarac izgovara ovakve riječi. Sa svakom njegovom sljedećom rečenicom Issa se sve više zaljubljivala u njega.

"O, kako bih to željela, Eric!", izgovori Issa, i dalje ga gledajući u oči.

"To bih željela više od ičega."

U tom trenutku Eric stavi svoje ruke na njene obraze, ne

skidajući pogled s njenih očiju te približi svoje usne njenima i nježno je poljubi. Issa je osjećala kako joj najljepša toplina obuzima čitavo tijelo. Doslovno je osjećala kako se topi. Kao da su se svi zidovi koje je podigla istovremeno srušili i ostala je samo ona, gola i bosa ispred ljubavi. I osjećala se slobodno. Osjećala se kao žena, nakon dugo vremena. Ranjiva i snažna istovremeno. Bio je to najljepši poljubac kojeg je ikada doživjela.

Proveli su cijeli vikend zajedno u Ericovoj kući. Beskrajno su uživali jedno u drugome, pričajući o svemu i svačemu. O životu, poslu, prijateljstvima, željama, ambicijama i snovima. Pričali su o budućnosti, ne izlazeći iz sadašnjeg trenutka. Vodili ljubav satima. Gledali zajedno filmove, oduševljeni kako imaju isti ukus za žanrove, smijali se na glas i svakom sljedećom minutom u danu bili sve zaljubljeniji jedno u drugo, sve sigurniji da su oboje pronašli ono što su tražili.

Ponedjeljak je započeo dramatično, kao i većina Issinih ponedjeljaka. Vozila se do posla ljuta kao ris. Čim je jutros otvorila oči vidjela je da je konkurentski portal objavio bombastičnu priču o poznatom sportašu sa snimkom kako se u noćnom klubu ljubi s nepoznatom djevojkom, dok mu je trudna supruga u rodilištu na čuvanju trudnoće. Poludjela je jer joj nije bilo jasno kako oni nisu prvi saznali za tu priču.

Izlazeći iz dizala, istog je trenutka viknula: "Svi u sobu za sastanke. Odmah!"

Cijeli tim uredništva okupio se u sobi. Nitko se nije usudio progovoriti. Issa je stajala na nogama na začelju stola naslonjena na dlanove. Svima je po njenom govoru tijela i pogledu bilo jasno da je ljuta kao ris.

"Neću vam reći dobro jutro, jer jutro nije ni najmanje dobro. Još je gore kada shvatim da ovdje radi gomila nesposobnjakovića kojima priče prolaze ispred nosa. Može li mi netko objasniti kako je moguće da priču, koja će sada danima biti najudarnija vijest, nismo mogli objaviti mi?"

Svi su i dalje šutjeli.

"U redu. Sophie, tebe smatram najodgovornijom. Izvoli pokupiti svoje stvari i napusti redakciju."

"Moooolim?!", u nevjerici je uzviknula Sophie.

"Dajete mi otkaz?"

"Da, što ti nije jasno? Nesposobna si i neupotrebljiva. Već si u petak bila na tankom ledu, kada sam te morala podsjetiti kako se radi ovaj posao i sada opet ovo danas. Mislim da bi to bilo to."

"Ali ovo nije naš propust, a moj još manje. Snimka je sinoć poslana portalu od strane njihovog čitatelja. I jutros objavljena. Kako smo mi mogli doći do priče, ako priča nije postojala do jutros?"

"Sophie, možeš krenuti prema izlazu", nastavila je hladno Issa. "Završile smo", rekla je Issa, uzimajući torbu sa stola i izašla iz uredništva.

Sjela je u auto i krenula kući. Ne može danas biti u uredu. Osjećala je koliko je ljuta i nervozna i bolje, i za nju i za sve druge, da se skloni od ljudi.

Parkirala je ispred svoje kuće, kad ugleda Tallisa koji je sjedio na trijemu svoje kuće.

"Dobro jutro, Issa!", viknu joj Tallis, mašući veselo.

"Kako si jutros na ovaj predivan dan?"

"Baš je predivan, da bolji ne može biti", odgovori mrko Issa, prelazeći cestu prema njemu.

"Znači, savršen dan za naš čaj."

Issa je privukla stolicu i sjela pored njega.

"Sve može, samo da se maknem od ljudi jer mi se čini da bih nekoga mogla ubiti."

"Ooooo!", odgovori Tallis, ustajući se da joj donese šalicu čaja.

"Izvoli, Issa", rekao je za nekoliko trenutaka, kada se vratio.

"Da čujem, zašto si sebe dovela u to stanje?"

"Ja sebe? Nisam ja sebe dovela u to stanje nego su me doveli nesposobni ljudi. Imala sam predivan vikend s Ericom. Da ljepše ne može biti, a onda sam jutros, čim sam otvorila oči, vidjela da su moji nesposobni ljudi propustili da baš mi objavimo najudarniju vijest dana, a kako mi se čini, ovo će biti i vijest mjeseca. Neće biti osobe koja neće kliknuti na ovu vijest danas, a znate li Vi koliko je to novaca koji su upravo prošli pored mene. Nesposobni su me ljudi upravo koštali na tisuće eura. Prema tome, nisam ja sebe dovela u ovo stanje nego oni koji rade za mene."

"A kako su točno oni krivi?"

"Snimka je trebala biti poslana nama u uredništvo, a nije."

"A zašto nije?"

"Jednostavno nije. Čitatelj se odlučio poslati drugom portalu koji je naša najveća konkurencija."

"Pa ako je čitatelj odlučio, kakve veze to ima s tvojim osobljem?"

"Pa oni su trebali poduzeti nešto da se snimka pošalje nama."

"A zašto ti nisi poduzela nešto? Zašto ti nisi napravila ono što zahtijevaš od njih?"

"Pa sve mi se i čini da jedino ja i radim kvalitetan posao."

"A što su točno, Issa, oni mogli napraviti jučer da priču objavite vi? Ili idemo još preciznije, što bi ti točno napravila jučer pa biste priču objavili vi?"

Issa je zašutjela. Tog je trenutka shvatila suludost svojih riječi. Što bi ona napravila? Pa ništa. Jer ništa nije ni mogla. Nitko nije mogao ni naslutiti što će se dogoditi sinoć u klubu. Osoba koja se slučajno našla tamo snimila je situaciju i iste večeri poslala snimku. Nitko nije imao pojma da će ta vijest jutros izaći u javnost.

"Da, ništa ne bih mogla napraviti", rekla je tiho.

"A zašto onda od svojih zaposlenika tražiš nešto što ni ti sama ne bi mogla?"

Issa nije ništa odgovorila.

"Bijes te naprosto zaslijepio, Issa. I toliko si bila ljuta da si olakšanje tražila na krivom mjestu. Zašto si ti zapravo ljuta?"

"Ne znam..."

"Hajde, saznaj! Dođi do odgovora jer, ako ne dođeš do njega, bijes će postati dio tvoje svakodnevnice. Bijes ne dolazi sam od sebe. On je nakupljena ljutnja. Ako ne riješiš osjećaj ljutnje odmah na početku, on prerasta u bijes. Što te točno ljuti već dugo vremena, a ne priznaješ sebi?"

Issa je šutjela, ali ne zato jer nije htjela odgovoriti, već kao da kopa duboko u sebi da dođe do odgovora.

"Hoćeš da ti pomognem?", upita je Tallis.

"Može!", odgovori tiho Issa.

"Budiš li se svakog ponedjeljka s uzbuđenjem?"

"Naravno da ne!"

"Zašto si rekla naravno?"

"Pa zato što ponedjeljak ne služi tome da se budim sretna i uzbuđena, već da idem na posao, zasučem rukave i krenem u borbu s problemima i u borbu za egzistenciju."

"Da? Tome služi ponedjeljak? Zaista? Nisam znao? A ostali

dani u tjednu?"

"Pa isto. Jedini dani kada se mogu malo odmoriti su subota i nedjelja. I to čak ne ni nedjelja jer sam već djelomično u stresu i pripremam se za ponedjeljak."

"Aha! Znači, od sedam dana u tjednu, mi imamo jedan dan za biti sretni i opušteni?!"

"Pa da! Nije život napravljen da budemo sretni, već da ga preživimo najbolje što znamo."

"Tko te to naučio?"

"Pa život me naučio. Svi se bore."

"A što ako ti je život takav jer vjeruješ da takav mora biti?"

"Ne razumijem."

"Nije život tako zamišljen, Issa! Zamišljen je kao predivna avantura u kojoj ćemo uživati. U kojoj ćemo voljeti one koje volimo voljeti i one koji će voljeti nas. U kojoj ćemo osjetiti najljepši mogući oblik partnerske ljubavi. U kojoj ćemo razumjeti ljude i zašto se oni ponašaju kako se ponašaju. U kojoj ćemo raditi ono što volimo i od toga živjeti. Zamišljen je da se budimo sretni i uzbuđeni svakog dana u radosnom iščekivanju svega što je pred nama. Život je zamišljen kao lakoća življenja."

"To je nemoguće, Tallis! Nije život bajka ni ljubavni film. Život je puno kompliciraniji. Prepun boli i odricanja."

"A što, ako nije takav?"

"Ali, jeste!"

"A, što ako nije? Što, ako je život odraz toga što vjeruješ da život jeste?"

"Ali, Tallis, ja znam što vidim oko sebe. I kako drugi ljudi žive. Jedno 'što ako' ne može osporiti istinu?"

"Istina je jako relativan pojam, draga Issa! I da, za tebe je sve to što vidiš oko sebe istina, ali ti ne vidiš druge istine."

"Druge istine?"

"Da, druge. Imaš pristup samo onome za što duboko vjeruješ da je tako. Istina je nešto što je nastalo kao rezultat onoga u što vjeruješ. I da, istina je. Ne osporavam ja tvoju istinu, ali ima i drugih. Istinu možeš promijeniti."

"Ma kako?!"

"Tako da je prestaneš zvati jedinom istinom. Tako da znaš da istina nastaje promatranjem nečega i konstantnom potvrdom da je to tako. Tako ono što promatraš zacementiraš u svoju realnost kao nešto nepromjenjivo, a onda to čak nazivate i sudbinom. Ako ti se ne sviđa ono što živiš i ako ti ne sviđa tvoja istina, možeš je promijeniti. Vjeruješ li barem malo u to?"

"Pa ne znam baš što bih ti rekla, skeptična sam."

"I to je izvrsna vijest. Biti skeptik znači ne vjerovati slijepo nekome jer je nešto rekao, biti skeptik znači propitivati i tražiti dokaze o nečemu. Skeptici najčešće postanu najveći vjernici na kraju jer su na najbolji mogući način došli do dokaza. Iskustvom."

"A kako se mijenja svoja istina?"

"Odabirima koje ćeš od danas donositi. Da bi ti se život promijenio, nešto moraš promijeniti. Ne možeš donositi iste odabire kao i jučer i očekivati promjenu. Ti se moraš promijeniti. U istoj realnosti i istini koju trenutno živiš, ti moraš postati drugačija."

"Kako?"

"Prvo, načinom razmišljanja. Ograničenim načinom razmišljanja živi se ograničeni život. Osobe otvorenog uma, spremne da izađu iz svoje zone komfora i logičkog razmišljanja, žive toliko čarobne i spektakularne živote da ovaj trenutak to ne možeš ni zamisliti. A sve je počelo tako što im je um prvo bio neograničen i spektakularan. Što je to što bi napravila prvo da si sigurna da ćeš uspjeti? Koje drugačije odabire bi donijela danas?"

"Napravila bih da je priča od sinoć došla kod nas!"

"Da, to? Zašto?"

"Zato jer bismo mi onda bili najčitaniji!"

"A zašto ti je to važno?"

"Zato jer bi fantastično zaradila ovaj mjesec!"

"A zašto ti je to važno?"

"Pa kad imam novac, imam mir."

"Znači, želiš mir, a ne to da je priča završila kod vas?"

Issa je zašutjela. Istog je trenutka shvatila što joj Tallis želi reći.

"Pa da", odgovorila je tiho.

"Zapravo, da. Želim mir."

"A zašto svoj mir daješ u tuđe ruke? Zašto ideš putem nemira, nadajući se da ćeš tako pronaći mir?"

"Kako to mislite?"

"Donosi li ti tvoj posao mir? Donosi li ti mir to što objavljujete privatne stvari drugih ljudi?"

"Pa ne gledam ja to na taj način."

"A trebala bi. Trebala bi uvijek biti u stanju biti onaj drugi. I prije negoli nešto napraviš, trebala bi se zapitati što bi bilo da to isto oni naprave tebi. Kako bi se ti osjećala? Ako si postaviš to pitanje, odmah ćeš znati kakve posljedice imaju odabiri koje donosiš. I kako tvoji postupci utječu na druge. Tebi je toliki fokus na zaradi da ni ne shvaćaš kojim putem dolaziš do nje. I zato gubiš svoj mir. Ne možeš živjeti život u kojem uzrokuješ bol drugima, a da ti živiš u miru. Ne možeš! Postoji nešto što se zove karma i svaki postupak ima svoju posljedicu. To je jednostavno tako. Ne može se izbjeći. I što više ljudi budeš povrjeđivala putem, sve ćeš više situacija doživljavati, u kojima ćeš i sama biti povrijeđena."

Issa je pognula glavu. Možda se prvi put nakon dugo dugo vremena posramila same sebe.

"Ne trebaš se sramiti, Issa!", rekao joj je Tallis, ponovno jasno vidjevši što proživljava u sebi.

"Ljudi u svakom trenutku rade najbolje što znaju. Osuđivati i kriviti ljude ne vodi ničemu, a najmanje promjeni. Radila si kako si znala odnosno nisi znala, ali ako naučiš bolje i osvijestiš nesvjesne obrasce, tada ideš i radiš bolje. Odmah. Mijenjaš svoje odabire."

Issa se istog trenutka sjetila Sophie. Djevojke na koju je svalila svu krivnju i jutros joj dala otkaz. Po prvi je put ušla u njenu kožu. Kako se ona sada osjeća?! Tko zna gdje je sada i što radi. Sigurno negdje plače u ljutnji ili strahu od budućnosti, ali i zbog toga kako se ona jutros ponijela prema njoj.

Tallis ju je promatrao opet na način kao da je znao o čemu misli.

"Ispravi to. Sjeti se, drugi odabiri, Issa!"

Issa je posegnula za mobitelom i okrenula Sophien broj, a Tallis je u tom trenutku ustao i ušao na par minuta u kuću, puštajući Issu samu, znajući koliko je za nju već i ovaj trenutak velik.

Kada se vratio, Issa je sjedila gledajući u daljinu.

"Riješeno je", rekla je nježnim tonom.

"Ispravila sam pogrešku."

"Lijepo od tebe! Samo znaj da ni pogreške nisu nešto loše, ako nakon njih rastemo. I ono što nazivamo pogreškama samo je proces rasta i učenja. Nema pogreške koja se ne može ispraviti kada je shvatiš. I kako se sada osjećaš?"

"Mirnije."

"Vidiš, tvoji odabiri dovode do mira, a ne to što će drugi napraviti. I kako misliš da se ta djevojka sada osjeća?"

"Presretno! Plakala je i vrištala od sreće. Rekla je da me razumije i da mi ništa ne zamjera. Da zna da sam pod stresom i da i ona radi najbolje što zna i može."

"Donosi li ti pomisao na to kako se ona sada osjeća dobar osjećaj?"

"Da."

"Tu nalazimo mir, Issa. Preispitujući naše postupke i ne donoseći odabire iz afekta, straha ili ljutnje. Kada stanemo, umirimo svoj um i sebi dozvolimo da se izbalansiramo sa životnom energijom u nama, naši postupci budu posve drugačiji. Sada bih te ponovo pitao koji bi odabir danas donijela, da znaš da ćeš imati mir?"

"Ne bih više vodila portal na način na koji sada funkcionira. Sada shvaćam da sebi osiguram najviše novca, kada najviše povrijedim ljude. I iako godinama već tako funkcioniram, nisam još postigla mir za kojim konstantno jurim. I sada shvaćam da ga nikada ni neću postići na ovaj način."

"Budi promjena koju želiš vidjeti u svijetu, Issa! Budi ono što istinski želiš biti. Ne prilagođavaj se svijetu koji je većinom u kaosu i ljudima koji mjesečare kroz život, živeći neke njegove iskrivljene verzije. Neka se svijet prilagodi tebi. I hoće. Sasvim dovoljan dio da živiš sretno i uživaš u svom poslu. Ne trebaju te svi razumjeti i ne trebaju se svi slagati s tobom. Za svih ima dovoljno svega. Stvori svoju istinu! I da ti čitanost u počecima ne bude maksimalna, mir će ti biti od veće vrijednosti. A kada ga budeš osjećala i uživala u svom poslu, nisi li postigla ono što si cijelo vrijeme mislila da će ti novac donijeti? A najljepše je u ovoj priči da ćeš tada zračiti obiljem. Obiljem mira, radosti, ljubavi, lakoće i financijsko obilje će ti biti sljedeći korak. To je zakon Svemira! Ti ni ne shvaćaš da si u toj utrci za novcem cijelo vrijeme odašiljala vibraciju nedostatka. Cijelo si vrijeme bila u strahu hoće li novac doći taj mjesec. Naravno da je put bio iscrpljujući. Jer put nije tako ni zamišljen. Kaži sebi kakav život želiš živjeti i povjeruj da je moguć. Donosi odabire bez straha hoće li uspjeti. Jer hoće! Ne uspijeva kada sumnjamo i kada se borimo sa životom. Izjavi sebi i životu da ćeš voljeti i biti voljena, da ćeš služiti drugima s ljubavlju i biti najbolja verzija sebe, da ćeš živjeti financijsko obilje i slobodu i da ćeš se svakodnevno buditi s uzbuđenjem! Izjavljuj to svakodnevno i samo promatraj. Promatraj kako se cijeli Svemir reorganizira zbog tebe i kako počinješ živjeti tu istinu!"

Issi su suze tekle niz obraze. Tako je željela čuti ove riječi. Tako je željela u životu dobiti utjehu i lijepu riječ. Osjećala je moć Tallisovih riječi cijelim svojim bićem.

Poskočila je sa stolice i bacila mu se u zagrljaj. Grlila je Talissa snažno izgovarajući hvala, hvala, hvala, ne samo svojim usnama, već i cijelim svojim bićem.

Tallis ju je, poput kćerke, držao u nježnom zagrljaju, znajući kakvo iscjeljenje proživljava ovog trenutka.

Sljedećeg jutra, Issu iz sna trgne zvuk velikog kamiona i cika djece ispred kuće. Ustane se i ode do prozora, kad ugleda veliki kamion za selidbu prepun namještaja i obitelj s malom djecom kako ulaze u kuću preko puta u kojoj je živio Tallis.

Što se ovdje događa? Kakvo useljenje?! Tu živi Tallis.

Zgrabi svoj kućni ogrtač, trkom se spusti s kata i izleti kroz vrata. Pretrči ulicu vičući: "Oprostite, oprostite, što se ovdje događa?"

"Dobro jutro", gospođo, pozdravi je muškarac koji je

očigledno bio glava obitelji koja se useljava.

"Je li sve u redu?"

"Nije mi jasno što se događa? Tko ste vi? Ovdje živi moj prijatelj."

"Zabunili ste se, gospođo. Mi smo kupili ovu kuću prije šest mjeseci i danas smo uzeli ključeve i upravo useljavamo."

"Nemoguće. Još sam jučer bila tu, kod mog prijatelja Tallisa."

"Gospođo, došlo je do neke pogreške. U ovoj kući nitko ne živi već godinu dana."

Issa ga više nije čula. Utrčala je u kuću, u nevjerici tražeći Talissa.

"Tallis, Tallis!", vikala je, trčeći po kući.

Kuća je bila spokojno prazna. Sav je namještaj bio prekriven bijelim plahtama, sa vidljivo nakupljenom prašinom, kao da nitko dugo nije boravio u toj kući.

Ušla je u kuhinju tražeći pogledom servis za čaj.

Ugledala ga je na malom okruglom kuhinjskom stolu. I na njemu je bilo nakupljene prašine, kao da nije odavno korišten.

Issa je bila potpuno zbunjena.

Što se ovo događa, pa kako, jučer smo pili čaj iz njega?!

Gledala je u čajnik u nevjerici, kada ispod čajnika ugleda presavijeni bijeli papirić.

Issa se približi stoliću, drhteći. Podigne prašnjavi čajnik te, otvarajući poruku, osjeti beskrajnu ljubav i toplinu koja joj zagrli dušu i suze joj same krenu niz obraze.

U poruci je pisalo:

Draga moja Issa!

Istina je ono u što duboko vjerujemo.

A ono u što vjerujemo zaista i postoji.

Živi sada svoju istinu

I slušaj i slijedi svoje srce...

Tvoj prijatelj,

Tallis

Svanulo je najljepše moguće jutro. Dan njenog vjenčanja. Issa se probudila u predivnoj sobi u Sienni u Toscani. I ona i Eric su znali da ne postoji ljepše mjesto na svijetu na kojem će ovjekovječiti svoju ljubav. Nježnu i romantičnu, kakva je i cijela

Toskana.

Bajkovita. Kao i njihova ljubav. I danas se udaje za muškarca kojeg je tako lako voljeti. Eric ju je zaprosio prije šest mjeseci na mjestu na kojem ju je prvi put odveo na piknik. Rekla je *da,* istovremeno smijući se i plačući od sreće i olakšanja da su se pronašli i da oboje znaju koliko su stvoreni jedno za drugo.

Ustala je, sjela na krevet i razmišljala o tome koliko je sretna.

Posljednje dvije godine za nju su bile najljepše u životu.

Potpuno je reorganizirala portal i način na koji rade. Napravila je od njega ono što je u prvim danima i htjela. Informativno sredstvo koje će ljudima pružati informacije koje će im život činiti lakšim i ljepšim. Tek je sada shvatila koliko su ljudi žudjeli za takvim mjestom u medijima koje pruža sigurne i inspirativne informacije te utjehu u ovom svijetu u kojem su bombardirani lažnim vijestima i negativom. Upravo zbog toga je portal i zadržao visoku čitanost jer su ljudi tražili osvježenje u moru negativnosti. I dalje je pisala o poznatim osobama, ali ovog je puta svaka vijest dolazila direktno njoj od tih javnih osoba, koje su također prepoznale da neće biti osuđivane i da mogu iznijeti svoju stranu priče. Čak je to i bilo zanimljivije ljudima. Issa je bila presretna. Shvatila je da ponedjeljak ne mora biti loš dan, već upravo suprotno. Dan koji označava početak novog tjedna i novih mogućnosti. Nije više preveliki značaj pridavala markiranoj odjeći, shvaćajući sada koliko je u tome tražila vlastitu vrijednost. I dalje je bila elegantna i uvijek dotjerana, ali sada je znala da odjeću nosi ona, a ne da ona vrijedi koliko vrijedi odjeća na njoj.

Sada je jasno vidjela koliko je njena trka za posjedovanjem posljednjih modnih komada bila njena potreba da ispuni prazninu u sebi. I što je bila sretnija, to je bila slobodnija od robovanja stvarima.

Ljubav s Ericom bila je sve ljepša i ljepša. Nije više odlazila u prošlost i nije dozvoljavala strahovima da upravljaju njom. Potpuno mu se prepustila u ljubavi i upravo je zbog toga takvu ljubav dobivala i natrag. Pronašla je muškarca koji je obožavao svaki dio nje i zaista je spoznala sve što ju je Tallis naučio. Ljubav i je zamišljena da bude lakoća. Tallis je bio u pravu. Život može biti predivan.

"Mladaaaaaaaa, vrijeme je da obučeš vjenčanicu! Spremna?", Ema je veselo ušla u sobu, grleći je.

"Da.... Spremnija nego ikada."

Sve je bilo spremno za početak ceremonije. Vrt prekrasnog dvorca u Sienni bio je okićen cvijećem u pastelnim bojama. Issa je stala na početak puteljka koji je vodio do Erica. Eric je stajao ispod predivnog luka prekrivenog cvijećem, okružen kumovima. Issinom kumom Emom i njegovim kumom Robertom. Oni su i bili zaslužni što su se njih dvoje upoznali i nije postojala druga mogućnost nego da baš oni budu svjedoci njihove ljubavi. Eric je ostao bez daha, kada je ugledao Issu. Nije ni susprezao suze. Gledao ju je zaljubljeno, baš kao i prvog dana. U tom su se trenutku sa zvučnika začuli prvi taktovi njene i Ericove pjesme *From This Moment*.

Issa duboko izdahne i taman kada se spremala napraviti prvi korak i sama krenuti prema oltaru, osjeti kako je netko hvata ispod ruke.

"Ne misliš valjda da ćeš sama ovim putem prema svom budućem suprugu?!", šapne joj netko na uho, hvatajući je ispod ruke.

Issa iznenađeno okrene glavu i ugleda Tallisa!

"Taaaalliiiis!", uzviknu Issa, bacajući mu se u zagrljaj.

"Bože, pa je li ovo moguće, može li život biti ovako lijep?!", izgovori Issa, naslanjajući svoj obraz na njegov.

"Može, Issa. Itekako može. Točno je takvim i zamišljen. Idemo, vrijeme je da krenemo. Eric te čeka."

Issa obriše suze, razvuče najveći osmijeh koji je ikada imala i krene s Tallisom prema oltaru.

Hodajući uz zvukove najljepše pjesme, imala je osjećaj da će eksplodirati od sreće. Oko nje su se nalazili ljudi koje voli i koji vole nju. Ispred nje se nalazio njen budući suprug, muškarac s kojim živi ljubav o kakvoj je oduvijek maštala, a do oltara je vodi čovjek koji ju je naučio živjeti život i bez kojeg ovaj trenutak ne bi postojao. Osjećala je beskrajnu zahvalnost za to kako se ovaj trenutak osjeća i kakav život živi.

Kada su stigli do Erica koji joj je pružio ruku da je primi, Issa nasloni svoj obraz uz Tallisov i tiho mu šapne:

"Istina je, Tallis. Istina je da svoju istinu možemo mijenjati. Hvala na ovoj dragocjenoj životnoj lekciji."

Tallis je poljubi u obraz i pogledom punim ljubavi, predajući je Ericu, prošapće:

"Da, Issa moja..."

"Život je lijep, kad se živjeti zna..."